東急今昔物語

Tokyu Konjaku Monogatari

宮田道一

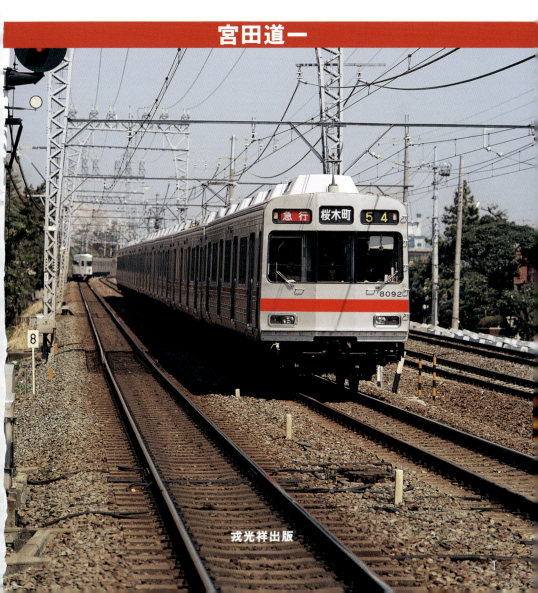

宮田道一氏写真作品集

昭和時代の東京急行電鉄

　本書の著者である宮田道一氏は、1961（昭和36）年に東京急行電鉄に入社、以来長きにわたって車両部門を担当。多くの優れた車両を送り出してきた。ここでは、宮田氏が現職時代に撮影した東急の写真作品を用いて、懐かしの東急電車たちを回顧してみたい。

車両基地に勢ぞろいした東急の名車たち。3000系（3450形）、5000系、5200系、6000系、7000系、7200系、8000系、8500系、8090系と左から右にいくにつれて新しい形式になってゆく

池上線の洗足池〜石川台間を行く3500形。桜とムラサキハナナのコントラストが見事で、このあたりは春のぽかぽか陽気に誘われてカメラを持った人や花見客が多く訪れていた

多摩川園（現・多摩川）駅に停車する3450形。多摩川園駅は開業時、「多摩川」駅だったが最寄りの多摩川遊園地にちなんで命名された。多摩川遊園地は1979（昭和54）年に閉園。同駅は2000年に現駅名となった

廃車回送のため6両編成で長津田に向かう緑色の3450形と紺色と黄色のツートンカラーの3850形。ツートンカラーは3000系の全車引退を前に、リバイバルカラーとして走っていた

元国鉄モニ13012に小田急タイプの車体を乗せて荷物電車となったデワ3041

1981(昭和56)年に3450形を改造したデワ3043がデビューし、デワ3041・3042が置き換えられた。初期は緑色に警戒色の黄色を正面に配したデザインだったが、翌年、東急は荷物輸送を廃止し、デワ3043は黄色と水色のツートンに塗り直され、長津田車両工場で入換車として使用された

3000系列の中でも長期にわたり運用された3450形は、開業からしばらくは田園都市線も走行した。この時代の沿線は開発も途上で、緑が多い

リバイバルカラーとなった3472編成に組み込まれているサハ3375号車は、元クハ3850形で運転台撤去後に中間車となった。懐かしい「T.K.K」(東急のロゴ)はリバイバルカラーではステッカーによる再現であったが、雰囲気は感じとれる

鵜の木駅付近を走行する3450形。晩年は目蒲線・池上線で活躍し、1989（平成元）年に廃車された。一部は電車とバスの博物館で静態保存されている

東京横浜電鉄のモハ1000形が"大東急"成立後に、デハ3500形と名乗った。トップナンバーは1939（昭和14）年に川崎車輌で製造された

省線電車を復旧したデハ3604号車。長津田車両工場で入換車として使用された後、解体された

デハ3551を改造したデヤ3001は、私鉄で初めての本格的な電気検測車だ。奥沢検車区に配置され、電気の安全供給を見守った

電気検測車デヤ3001の車内。車内中央に架線を目視する観測ドームが設けられた。現在の架線検測も電気的なデータのみならず係員が着席して、目視検査を実施している

戦後初めて、東急独自設計となったクハ3850形。リバイバルカラーになった先頭車のクハ3861号車は、1989（平成元）年に十和田観光電鉄に譲渡され、2002（平成14）年に廃車となった

大井町線と目蒲線が並走する大岡山付近を走る初代5000系。東横線・田園都市線・大井町線で運用され、晩年は目蒲線に配置。1986（昭和61）年に引退した

大きな正面2枚窓と曲面を大胆に取り入れた下ぶくれのスタイルから「青ガエル」と呼ばれ鉄道ファンから愛された初代5000系。航空機の技術であるモノコック構造を取り入れた軽量車体、東急で初めて直角カルダン駆動を取り入れた新性能電車である点など、機能的にも見るべきものが多い

「勇退」のヘッドマークを掲出して、東急線での役目を終えた初代5000系。5000系は1977（昭和52）年から長野電鉄をはじめ地方私鉄へ譲渡され，主力車両として活躍した

5200系は4両編成1本のみの製造で、1986年に上田交通（現・上田電鉄）に譲渡された。このため信州の塩田平で5000系と5200系が同時期に活躍した

基本性能が5000系と同じの5200系は、日本で初めてステンレス車体を採用した。窓下に補強のためにコルゲート（波形）をつけている外観から、「湯たんぽ」「ステンレスガエル」などと呼ばれた

骨組みは普通鋼、表面にステンレス鋼を採用した「セミステンレス」の初代6000系は、新しい発想から経済性の高い走り装置を採用した意欲的な車両である。側面のコルゲートは戸袋部や側窓上の幕板まで施された

1964（昭和39）年8月29日に東急東横線と営団地下鉄（現・東京メトロ）日比谷線の相互直通運転が開始した。記念の花電車にはヘッドマーク、および正面貫通扉の左右に東急の旧社紋（左）と営団の社紋（右）を掲出した

東急車輛製造が米国バット社との技術提携で誕生させた、日本初のオールステンレス車である初代7000系。営団日比谷線直通に対応したほか、多くの車両が地方私鉄へ譲渡された

全電動車の7000系に対して、モーターのない制御車もあるオールステンレス車が7200系である。正面形状が「く」の字形になっているこのスタイルは、「ダイヤモンドカット」と呼ばれた

大岡山駅に停車する7200系。登場当初は非冷房だった7200系だが（7260編成を除く）、1972（昭和47）年からは冷房車も投入されている。冷房導入当初の東急は分散式冷房装置を採用していた

7200系はまず田園都市線に投入され、大井町〜長津田間で運用された。のちに東横線・目蒲線・池上線でも運行を開始し、2000（平成12）年11月に東急多摩川線・池上線での運用を最後に引退した

8000系の地下鉄道対応車両として設計された8500系。田園都市線〜営団半蔵門線直通用として400両が製造されたが、近年では廃車が進みインドネシアに譲渡された車両もある

降雪後の青空の中、田園都市線をゆく半蔵門行き8500系。丘陵地帯に延びる田園都市線は沿線に緑が多く、またアップダウンも激しい

大井町線尾山台駅に停車する8090系。本形式は1980（昭和55）年12月に就役。日本初の軽量ステンレス構造は、従来のオールステンレス車より1両あたり2tの軽量化を達成した。この構造は国鉄205系や211系の設計の基本となった

8000系は当初、ステンレスの地色を生かして無塗装で登場した。赤帯が配されるようになったのは1988年から

VVFインバータ制御を採用した9000系は、当初東横線に8両編成、大井町線に5両編成が投入された。その後、東横線は副都心線との相互直通運転開始の際に、9000系の8両編成が5両編成に改造され、15本すべてが大井町線に配置されている

営団日比谷線直通の7000系を置き換える目的で製造された1000系は、日比谷線規格にあわせて車体長18mで設計された。日比谷線直通列車は菊名駅まで乗り入れたが、東横線は東京メトロ副都心線との相互直通開始に伴い2013（平成25）年3月15日をもって日比谷線との相互直通運転を休止。日比谷線乗り入れ用の1000系は1500番代に改造され東急多摩川線・池上線に転籍した

お花見シーズンになると池上線の洗足池〜石川台間では大きな桜並木が車窓を桜色に染めていた。しかし、近年はほとんどが伐採されてしまい、かつてほどの桜の名所ではなくなった

東急多摩川線・池上線用の1000系は2M1Tの3両編成で、蒲田方の先頭車が制御電動車、中間車が電動車、五反田方の先頭車が制御車である。2代目7000系と共通運用が組まれている

現在は目黒線の6両編成を留置する元住吉検車区奥沢車庫だが、かつては目蒲線の奥沢検車区であり旧型車の宝庫だった

元住吉検車区の広大な敷地の一角で洗浄台に並ぶ8000系と8500系。現在この付近は東横線と目黒線の高架橋になったため、車窓から見ようとすると下方をのぞき込む形になる

東急の車両工場である長津田車両工場は、こどもの国線長津田〜恩田間に位置する。写真右下の凸型電気機関車デキ3020形は東京横浜電鉄から引き継いだ車両で、1980（昭和55）年に除籍され、長津田車両工場で入換機として用いられた。現在は群馬県の上毛電気鉄道に動態保存目的に移籍している

長津田車両工場では車体を30t天井走行クレーンで持ち上げて、台車と分離する。その後、車体は車体職場、台車は台車職場に送られ、メンテナンスが施される

宮田道一氏コレクション
東京急行電鉄発行 新車カタログの変遷

　大手の鉄道会社では、新型車両を投入する際に車両の性能や特長を伝えるカタログ（冊子）を発行することが多い。技術的な記載が非常に充実しているため、鉄道車両や鉄道史料の研究家の間では一級の資料として位置づけられている。ここでは、宮田道一氏のコレクションから3冊をピックアップしてご紹介する。

『T.K.K. 超軽量電車 5000型』

　1954（昭和29）年に登場した東急電鉄不朽の名車・（旧）5000系のカタログ。本編は48頁、カラーイラスト、形式図のピンナップが綴じ込まれている。各部の機器配置は図面やカット写真を、台枠や鋼体、屋根の梁の形状などは精密イラストを用いて詳述。また、車体荷重試験のデータなど5000系に関するさまざまなデータを記載している。巻頭言では、当時の東京急行電鉄の社長・五島昇氏が5000系に対する期待感を伝えている。

『T.K.K.7000形オールステンレスカー』

　1962（昭和37）年に登場した我が国初のオールステンレスカー・（旧）7000系のカタログ。中面は全ページが2色刷で、本編部分は24頁。さらに、形式図、制御装置、ブレーキ装置系統図についてはピンナップを綴じ込み図面や写真を大きく見せる配慮がなされている。車体強度に関する記述では、曲げ試験、ねじり試験、振動試験などの各種鋼体試験についての実験結果を記載。空気圧縮機や戸締め装置の内部写真など興味深い写真が多い。

『9000系 VVVF インバータ車両』

　1986（昭和61）年に登場した9000系のカタログ。台車、VVVFインバータ制御や静止形インバータ（SIV）、ブレーキ装置などの各機構については図面と写真を併用して詳述している。また、乗務員室の各部名称や、冷房装置、送風装置、暖房装置、避雷器、蓄電池、戸締め安全装置などの内部写真も収録しており、車両ファンには興味の尽きない記述が満載である。最終見開きでは、各部部品の製造メーカー一覧も詳解されている。

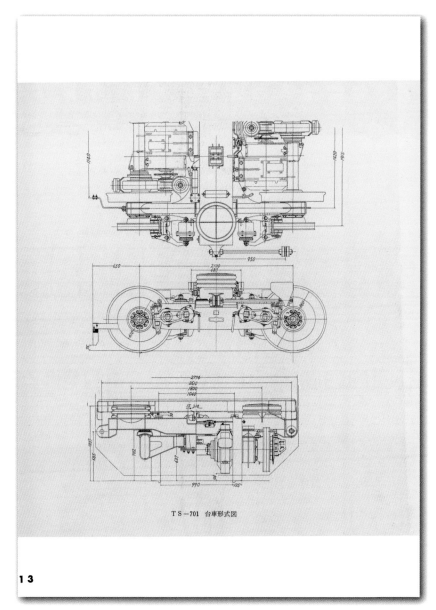

TS-701 台車形式図

『T.K.K.7000形オールステンレスカー』の台車のページ。台車形式図を掲載し、構造を詳細に伝えている。7000系が採用した台車（TS-701／パイオニアⅢ）は車体と同様バッド社が設計したもので、パイオニア台車と呼ばれている

『T.K.K.7000形オールステンレスカー』

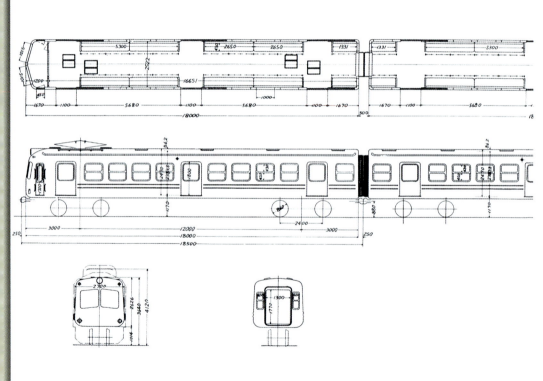

『T.K.K. 超軽量電車 5000 型』

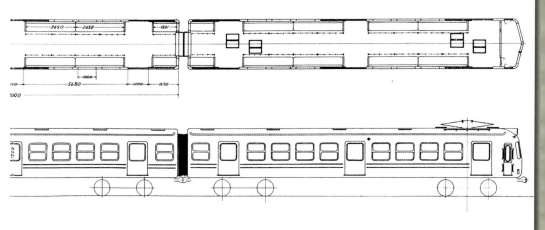

『T.K.K. 超軽量電車 5000 型』には折り込みピンナップ形式でカラーイラストと形式図が収録されている。編成図には各車両の各部寸法や床下機器点検蓋の位置などが記載されている。妻面の図面もあり、貫通路の幅が 1300mm もあったことが判る

編成形式図・床下機器配置図

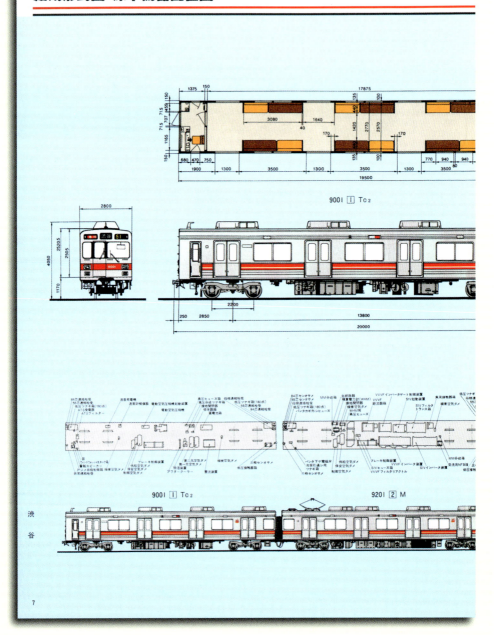

『9000系 VVVF インバータ車両』

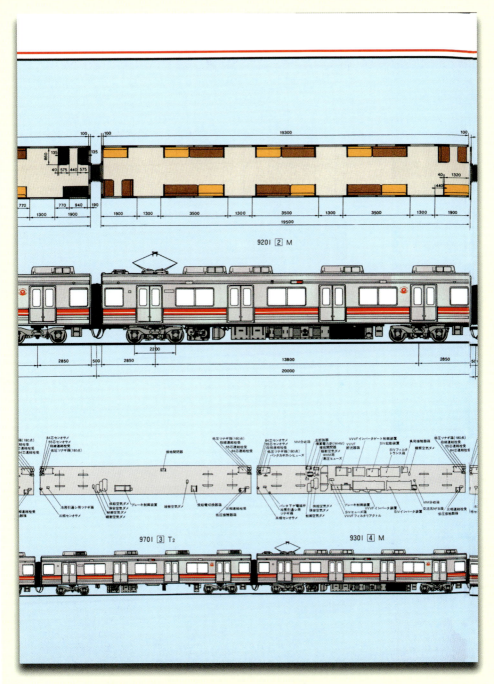

『9000系VVFインバータ車両』では観音開き・横幅4頁分のカラーイラスト、形式図、床下機器配置図、編成図を収録。床下機器配置図と編成図8両固定編成全車両分、形式図は先頭から4両半分の精密図面が掲載されている（本書では紙幅の都合から2両分のみ掲載している）

激変を重ねた駅施設と沿線風景

東急線定点観測

東急は前身会社の創業以来、沿線の都市・住宅開発を積極的に実施し、沿線には洗練された街区が形成されている。ここでは、田園都市線を中心に、東急線の駅や沿線の変遷ぶりをご紹介する。本書著者の宮田道一氏が暮らした青葉台地区の変遷については、21章「私の青葉台物語」でも詳しくご紹介する。

あざみ野駅

駅設置は田園都市線・溝の口〜長津田間の開業から11年後の1977（昭和52）年で、駅開業から数年は長閑な雰囲気が漂っていた。現在は急行停車駅となり、駅周辺には商業施設や住宅が立ち並ぶ。

▲あざみ野駅は1975（昭和50）年12月に着工した。駅設置を伝える看板の後方には登場から間もない8500系の姿を見ることができる　写真提供：東急電鉄

▼2016（平成28）年3月のあざみ野駅。駅前広場からはバスやタクシーが頻繁に発着し、駅周辺の商業施設も充実している　写真提供：河野美斗

梶が谷駅

多摩田園都市の東端部にあるものの、駅周辺には昔ながらの地割りや曲がりくねった道路が残り、新旧の街並みが混在する。近年も駅周辺ではマンションの立地が進み、街並みは日々変化している。

▲開業当初は2面2線だった梶が谷駅（写真は1970［昭和45］年ころ）。この時代の田園都市線では7200系や3450形が運用していた　写真提供：牛島裕康

▼2015（平成27）年秋の梶が谷駅。駅の周辺にはマンションが増加している。ホームはアスファルト舗装となり、大型の屋根も設置されている　写真提供：河野孝司

江田～市が尾間

田園都市線は江田～市が尾間の一部区間で国道246号（厚木街道）と隣接。田園都市線沿線の開発とともに国道246号も交通量が増加し、1970（昭和45）年ころには首都圏の大動脈となっている。

▲田園都市線の開業直前の江田～市が尾間の様子。当時の最新鋭車両である7000形が試運転を行っている。国道246号はまだ閑散としている　写真提供：東急電鉄

▼2016（平成28）年3月の様子。東名高速横浜青葉インターも近く、交通の便も良くなりマンションも多く建てられた。しかし、国道246号線の交通量は多い　写真提供：染谷和太郎

つくし野駅

1968（昭和43）年4月、田園都市線の長津田〜つくし野間が開業。駅開業当時は赤土の造成地が広がる荒涼とした風景だったが、開発は順調に進み1980年代には現在の街並みが完成している。

▲開業当初のつくしの駅。相対式ホームが建設されていたものの、開業からしばらくは使用されていたホームは1面のみだった　写真提供：東急電鉄

▼駅周辺には住宅が建ち並び、落ち着いた街並みが形成された。ホームの有効長は10両編成分に延長された　写真提供：河野美斗

大岡山〜緑が丘間

大井町線は目黒蒲田電鉄として1929(昭和4)年に全線が開業。同年には東京高等工業学校(後の東京工業大学)が大岡山に移転し、利用者も順調に増加していった。

▲建設中の様子。奥に見えるのは1923(大正12)年3月に開業した目黒蒲田電鉄の目蒲線。この時期、周辺開発は始まったばかりだった　写真提供:東急電鉄

▼計画的な都市計画が奏功し、現在の大井町線の沿線は成熟した街並みが広がる。後方に見えるのは東京工業大学のキャンパス　写真提供:河野孝司

▲1969(昭和44)年頃の大橋付近。道路沿いには2階建ての商店も多く人通りも多かった　写真提供：牛島裕康

▲玉川通りの上部には首都高速3号線が建設され、玉電を偲ぶ遺構は残されていない　写真提供：河野孝司

大橋

玉川線は玉川通り（国道246号）上に敷設されていた。交通量の増加により晩年は定時運行が困難になっていた。

三軒茶屋駅

玉川線廃止により世田谷線の単独駅となった。1977(昭和52)年4月に新玉川線が開業するまで渋谷との間は代行バスの運用を行った。

▲玉川線廃止直後の三軒茶屋駅。渋谷方面に伸びるレールはそのままで、砂利を敷き車止めとしている　写真提供：東急電鉄

▲1992(平成4)年頃から旧駅周辺の再開発が開始され、旧駅施設は撤去されている　写真提供：染谷和太郎

たまプラーザ駅

田園都市線の中核駅に成長。駅名は当時の東京急行電鉄社長の五島昇氏が多摩田園都市のプラーザ（中央部）として発展するよう祈念して命名した。

二子玉川～二子新地間

二子玉川園駅（現・二子玉川駅）は、東急電鉄の拠点駅として数度にわたる大規模改良を実施。2009(平成21)年7月には当駅～溝の口間が複々線化された。

▲1972(昭和47)年ころ。1966(昭和41)年までは右の道路橋梁に田園都市線が乗り入れていた　写真提供：牛島裕康

▲複々線の内側の大井町線から外側の田園都市線には渡り線が設置されている　写真提供：河野孝司

▲開業直後のたまプラーザ駅。この時代、データイムには鷺沼以西は2両編成の電車が運転されていた　写真提供：牛島裕康

▲たまプラーザテラスの建設時に駅敷地は商業施設と一体化した建物に改築され、大きく様相が変化した　写真提供：河野孝司

こどもの国線

こどもの国のアクセス路線として、1967（昭和42）年4月に開業。こどもの国駅は施設正門前に設置され、歩道橋で連絡している。

▲開業から数年間はデハ3405-クハ3866の2両編成を充当。前面にはヘッドマークを掲出　写真提供：牛島裕康

▲1999（平成11）年8月に横浜高速鉄道のY000系が投入され、路線の印象は大きく変わった　写真提供：河野孝司

菊名駅

国鉄（現・JR）横浜線と接続する菊名駅は、幾度の改良により、拠点駅としての機能を強化していった。駅周辺には閑静な街並みが形成されている。

▲昭和20年代の菊名駅。この時代は国鉄横浜線との間に連絡線があり、貨車の受け渡しも行われていた　写真提供：東急電鉄

▲1972（昭和47）年7月に橋上駅舎化され、かつての駅舎付近には改札口への階段が設置されている　写真提供：河野美斗

つきみ野～中央林間

田園都市線の長津田以西は用地買収がやや難航したが、1984（昭和59）年4月に中央林間駅まで延伸され全通を果たした。

▲建設途中の様子。中央林間駅を地下駅とするため、この一帯では高架線とせずに切り通しとした　写真提供：東急電鉄

▲多摩田園都市の西端部に位置するこの一帯も都市開発が進み、現在では住宅で埋め尽くされている　写真提供：河野孝司

尾山台駅

1964（昭和39）年4月にそれまでの島式ホームから相対式ホームに改築されて以来、現在まで大きな変化はない。上下線それぞれに駅舎がある。

▲1966（昭和41）年当時の様子。この時代は5200系が田園都市線に投入されていた　写真提供：牛島裕康

▲2016（平成26）年撮影。駅舎やホーム上屋などの構造物はこの50年ほとんど変化がない　写真提供：牛島裕康

東急今昔物語
Tokyu Konjaku Monogatari

TY 00

東急今昔物語

巻頭カラーグラフ

宮田道一氏写真作品集 昭和時代の東京急行電鉄 ……………… 2

宮田道一氏コレクション 東京急行電鉄発行 新車カタログの変遷 ……… 20

激変を重ねた駅施設と沿線風景 東急線定点観測 ……………… 26

1	揺籃期の郊外電車の洗練された車両とサービス
	東急創業期の車両と前身会社の沿革 ……36

2	東京西南部に続々と開業する電気鉄道
	東京横浜電鉄と池上電気鉄道の設立・開業 ……43

3	路線延伸と新型車両の投入
	隆盛期を迎えた目黒蒲田電鉄と池上電気鉄道 ……51

4	東横線の全線開通とキハ1形の登場
	東京横浜電鉄の発展と東横車輛電設の誕生 ……56

5	首都圏に誕生した大私鉄
	小田急、京王、京急を併呑 大東急の誕生 ……62

6	戦争の甚大な被害と東急の戦後復興
	大東急の太平洋戦争と復興への第一歩 ……72

7	空襲被害の復旧を早める策として五島慶太氏の判断
	大東急の分割と東急・京急・小田急・京王への再編成 ……81

8	昭和30年代、東急は本格的成長軌道に
	飽くなき技術開発とステンレスカーの登場 ……91

9	ステンレスカー王国の土台が着々と形成される
	本格的なステンレスカー時代の到来 ……97

10	五島慶太氏の描いた多摩田園都市構想が実現へ
	田園都市線の開業と相次ぐ新型車両の投入 ……107

11	田園都市線沿線の開発の本格化による輸送力増強
	CS-ATCを採用した8500系の登場と新玉川線の開業 ……120

目　次

12	21世紀にふさわしい車両をめざして	……131
	日本の車両技術の基礎になった9000系の登場	

13	混雑緩和策が安全性向上に繋がる	……143
	念願の第二東横線の完成と車両の運用路線変更	

14	続々登場するインバータ制御車	……152
	進歩する軽量ステンレス車両構体とインバータ制御方式	

15	JRとの共通設計車の登場	……161
	21世紀の東急の主力となった新5000系	

16	半蔵門線全通で激変する田園都市線風景	……169
	新時代の田園都市線の電車たち	

17	東横線にも訪れた新しい波	……179
	渋谷駅地下化と5社相互直通運転の開始	

18	全国に広がるステンレス王国	……188
	全国で活躍する東急の車両たち①	

19	各地に進出する青ガエルやステンレスカー	……205
	全国で活躍する東急の車両たち②	

20	複合企業化と沿線再開発の推進	……222
	さらなる飛躍を目指す東急電鉄	

21	48年住んだ町	……230
	私の青葉台物語	

あとがき ……239

特別企画

特別対談　3600形苦労話（宮田道一氏×荻原二郎氏） ……77
5000系開発担当者の苦労話 ……89
特別対談　8000系デビュー秘話（宮田道一氏×樋口周雄氏） ……116

1 揺籃期の郊外電車の洗練された車両とサービス

東急創業期の車両と前身会社の沿革

東急のルーツにあたる目黒蒲田電鉄の目黒川橋梁（目黒～不動前間）の架設工事の様子　写真提供：東急電鉄

1　田園都市の構想と目黒蒲田電鉄の開業

　東横線と目黒線が交わるところに田園調布駅、東横線と多摩川線が交わるところには多摩川駅がある。それらの駅と駅の前後では、長らく続いた大規模な路線変更工事によって、かつてとは大きく様相を異にしている。開業以来地上駅だった田園調布駅は線路を下げて、その上に蓋をする形で人工地盤を造り、広場を作って、今まで行き来が困難だった街の西側と東側との橋渡しが図られている。

　今から90年ほど前にも、ここでは大きな槌音が響くとともに、砂利を運ぶトロッコが走り回っていた。東横線の田園調布に降り立って見ると、幅の広いホームの地下駅となっており、往時の姿を偲ぶことが難しい。田園調布を象徴するモダンな駅舎は、工事期間中は撤去されていたが、その後復元され地域のシンボル的な存在となっている。改札口を出て西口に出ると、水飲み場を中心に石造りのベンチ、鯉の泳ぐ池と半円形を描くようにして徐々に広がる駅前ロータリーを中心に、5本の道路が放射状に延びている。その道には最

第1章 東急創業期の車両と前身会社の沿革

都会と田園とのよいところを兼ね備えた住宅地として開発された田園調布。分譲を開始したころは、草木が茂るばかりだった　写真提供：東急電鉄

初から歩道ができていて、目の前に整然と立ち並ぶ銀杏並木の黄色が目にも鮮やかだ。この銀杏並木は春から夏は緑、そして秋は黄色と、道行く人たちの目を楽しませてくれる。

さらに、住宅と道路との境には、石垣や板垣を使わず、花や低い生け垣で覆うという取り決めを行っている。このように街全体に緑を植えるガーデン都市構想というのは、日本でも初めての試みであった。

駅前には「田園調布の由来」という銅版があり、そこには次のようなことが書いてある。

> この広場を中心とする凡そ八十万平方米の地域は　明治文化の先覚者渋沢栄一翁が　我国将来の国民生活の改善の為に　当時漸く英米に現われ始めた「田園都市」に着目して　都会と田園との長所を兼ねた模範的住宅地を実現させようと念願して　既にあらゆる公的関係から退かれた後であるにも拘らず自ら老体を運んで視して土地を選定された所であります。
>
> その目的の為に大正七年　田園都市株式会社が創設されて　翁の理想に共鳴する人々に土地の分譲を行ない　我国最初の近代的大計画都市が実現しました。そして居住者による社団法人が生れました。
>
> この都市全体を一つの公園のように明るく美しいものにする為に　建築その他に関し色々な申し合せを固く守り殊に道路との境界には一切土塀板塀などを設けず　花垣か生け垣の低いものゝ程度とすることなどを　厳格に実行しました。その協力の結果　この明るい住宅地と楽しい散策地が生まれたのであります。

大正十一年には同社の姉妹会社として　目黒蒲田電鉄が創立され　大正十二年三月　当時荏原郡調布村であった当地に調布という駅が設けられ　間もなく　田園調布という駅名に改められました。その後この地区が東京市に編入された際　町名改正が行われて　当都市のみならず周辺の町村をもひろく含めて田園調布と呼ぶこと丶なりました。その折当会の地域は当初の田園都市の約三分の二となり　他の三分の一は　世田谷区玉川田園調布となりました。

　こ丶に明るく住む方々も　ここを楽しく訪れる方々も　渋沢翁の理想が永くこ丶に栄えてゆくように　この田園都市を愛護して下さるようお願い致します。

昭和三十四年秋
社団法人　田園調布会

　この田園調布の思想が、太平洋戦争後の多摩田園都市構想へと発展し、現在ではたくさんの人たちが多摩田園都市沿線に移り住んでいる。

　そこを走っている車両はすべてオールステンレス車体となり、東急線の電車は1000両を超えた。この一帯は複々線となって、目黒方面は第二東横線となり、交通の便はいっそう活性化している。

　現在は田園調布から日吉間が複々線になり、東横線は外側2線で目黒線は内側2線になっている。そして、運転形態も大きな変化を遂げており、2000（平成12）年8月6日には目蒲線の蒲田～多摩川間を東急多摩川線として、目黒～武蔵小杉間が目黒線になった。同年9月26日からは都営三田線、営団（現・東京メトロ）南北線、埼玉高速鉄道線との相互直通運転が開始され、2008（平成20）年6月22日には日吉まで延伸している。

　東横線は横浜～桜木町間を2004（平成16）年1月30日に営業終了して翌日廃止。同年2月1日からみなとみらい線元町・中華街まで相互直通運転を開始。地上にあった大きなターミナルの渋谷駅は85年間の歴史に幕を下ろし、2013（平成25）年3月16日に代官山～渋谷間を地下に切り替えて、副都心線、東武東上線、西武池袋線まで乗り入れている。このように埼玉県内から横浜方面への移動が便利になった。そして、複々線化した区間で興味深いのは、都営、東京メトロ、埼玉高速鉄道、横浜高速鉄道、西武、東武の様々な車両が走る姿を見ることができる。さらに日吉から新横浜への延伸工事も開始され、

相模鉄道との相互乗り入れ計画もあり、いつの日か相鉄の車両も見ることができるであろう。

　これから私は、この東急の路線を走る車両の変遷を、歴史を追って順に説き明かしてみたいと思う。

2　都心と住宅地を結ぶ電車を〜目黒蒲田電鉄の誕生〜

　田園調布の街づくりは、東京急行電鉄の前身である目黒蒲田電鉄の母体となった田園都市株式会社によってなされたもので、当時は省線電車（この時代鉄道省の都市圏路線を省線あるいは省線電車と呼称した。鉄道省は後に日本国有鉄道、さらに現在ではJRとなっている）の山手線を結ぶ足がなかった。そこで、今でいう新交通システムの感覚ともいえる電車を建設することにした。そのため、まず初めに交通の便となる鉄道を敷設するために、電気鉄道会社を設立し申請を行った。

　1918（大正7）年1月、東京府荏原郡の宅地開発に先駆けて、同社の分譲地である洗足、調布を貫くルートとして、東海道線大井町駅から調布村に至る軽便鉄道を、さらに1920（大正9）年1月に地方鉄道路線を荏原電気鉄道の名で出願申請している。

　荏原電気鉄道の発起人は、田園都市株式会社の発起人とほぼ同一メンバーで、この申請は1920年3月に免許が下ろされ、その権利は田園都市株式会社に無償で譲渡された。さらに碑衾村から分岐して山手線目黒駅に至る支線を1920年12月に出願し、翌年2月に免

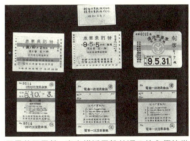
目黒蒲田電鉄・東京横浜電鉄共通の株主優待券。現在とほぼ同じで、1枚で全線どこでも片道乗車できる　写真提供：東急電鉄

大正時代に発行された目黒蒲田電鉄の定期券。目黒〜洗足間が1ヵ月3円41銭である　写真提供：東急電鉄

目黒蒲田電鉄・東京横浜電鉄時代の駅スタンプ。沿線の特徴をよく表現している　写真提供：東急電鉄

許を得た。

　目黒蒲田電鉄の設立は、1922（大正11）年9月2日。田園都市株式会社は、すでに同年3月から目黒〜洗足〜調布村間を第1期として建設工事に着手し、目黒蒲田線の目黒〜丸子間が開通したのは、1923（大正12）年3月11日だった。その半年後には関東大震災が発生し、社員の不眠不休による復旧作業の結果、郊外電車としてはもっとも早い8日間の休業で運転を再開した。

　さらにまた、当時田園調布に建っていた四十余軒の住宅のうち、1軒も地震による被害はなかったことから、地盤の安定した郊外における計画的な街づくりの有効性が認められ、田園調布は注目を浴びた。この結果、目黒蒲田線は地震に強いことが実証されて、東京市内の中心部から沿線地に住居を求める人々が急増し、目黒蒲田電鉄の経営はますます順調となった。

　1923年11月1日には路線が蒲田まで延長されて、東海道線の蒲田駅にも接続し、目黒蒲田線、すなわち目蒲線が全通した。

　田園都市株式会社は、1927（昭和2）年までに洗足・田園調布地区の分譲地約76万㎡を売り上げ、その役割を終えて、1928（昭和3）年5月5日に目黒蒲田電鉄に吸収合併されている。

3　目黒蒲田電鉄の開業電車デハ1形

　デハ1形が、目黒蒲田電鉄の線路を毎日行き来していたのは、もう90年以上も前のこと。それらの車両は当然のことながら、この世に1台も存在していないが、その模型は川崎市宮前区の田園都市線宮崎台駅の高架下にある「電車とバスの博物館」へ行くと見ることができる。展示場所は博物館3階で、東急のあゆみを大きなパネルで展示しているとともに、1955（昭和30）年か

1923年3月11日に目黒蒲田電鉄が開業。目黒駅では開業式が挙行された　写真提供：東急電鉄

第 1 章　東急創業期の車両と前身会社の沿革

目黒蒲田電鉄が導入した電動貨車デワ1形。全長7mの4軸単車と小型である　写真提供：宮松金次郎

ら1965（昭和40）年ごろの高津駅の駅舎を再現、その改札口の奥にデハ1形がある。目黒蒲田電鉄で初めての電車となった木造の小型車デハ1形は本物そっくりに復元され、そのクラシカルな姿から当時の繁栄を偲ぶことができる。

　ポール集電のボギー車（ボギーとは、車軸2本を組み込んだ台車のこと）で、前面は曲面を描き、車体中央の窓の下には、中央に田の丸い文字、それを囲んだカタカナのトを円を描くように4つ配置し、トが4つで都市、それで田園都市を表した田園都市株式会社のマークが記されている。

　小豆色の車体にグレーの屋根とシックな装い。屋根はダブルルーフと呼ばれる、明かり取り窓が付いたものである。車体側面には2つの扉と10個の窓が配置されており、室内はロングシート。窓に付いた保護棒と室内の手すりには真鍮が使用されて金色に輝き、当時のモボ・モガ（モダンボーイ・モダンガール）の乗降姿が目に浮かぶようである。

　運転士は車体中央で運転し、夜になると運転台の窓下に前照灯を取り付けていた。車掌は乗客が乗降を終えたら、手で扉を閉めて鍵をかけてから発車の合図をし、後ろの扉から飛び乗る。電車が発車すると今度は車内で乗車券を売りさばくという仕組みだった。

　デハ1形の全長は10.5m、幅は2.34m、定員が64人、自重は16.3t、電車線（架線）電圧は600V。1号車から5号車までを1号形、6号車から10号車を6号形と呼んでいたが、6号形からの車体幅は2.54mと、少しだけ広げられている。

　連結器は、明治時代を思い起こさせるバッファー付き螺旋連環式であった

が、後に自動連結器に交換し連結運転も行った。トロリーポールもパンタグラフに取り替えられ、モーターは50kWから65kWにパワーアップする等の改良が施され、モハ1形と改称された。

　1942（昭和17）年に、神中鉄道（現・相模鉄道）が電化された際、全車移籍された。その後、静岡鉄道、上田丸子電鉄（現・上田電鉄）、山陰中央鉄道（後の日ノ丸自動車）へ移り、それぞれ廃線または廃車され、現存車はない。

4　目黒蒲田電鉄が導入した払い下げ車

　鉄道省は、600Vから1200Vに昇圧した際、不要となった木造車を払い下げた。1924（大正13）年に、目黒蒲田電鉄は省のデハ6261号〜6264号を譲り受け、デハ21号〜24号と改番し、木造車のまま使用した。

　その後の経緯を記すと、1936（昭和11）年からは、これ以外の車両も含めて台枠のみを利用して川崎車輛（現・川崎重工業）、日本車輌製造で車体更新を行い、モハ150形、サハ1形が誕生した。

　東京急行電鉄となってからの改番後はデハ3300形、サハ3350形となり、そのグループの中で更新工事を受けなかったデハ41号は芝浦製作所、鶴見臨港鉄道、国鉄、日立電鉄と転々とした後、鉄道記念物の指定を受け、生まれたときのナデ6141号に戻った。

　現在はさいたま市の鉄道博物館に保存されており、往時の姿を偲ぶことができる。今では貴重な存在となっているとは不思議な縁である。

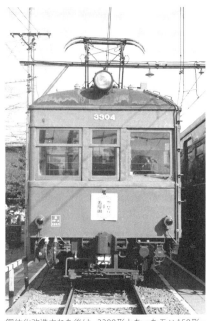

鋼体化改造された後は、3300形となったモハ150形・サハ1形。鉄道博物館では登場時の状態（ナデ6141号）として保存されている　写真提供：牛島裕康

3300形の車内。本形式は1979（昭和54）年まで東急に車籍があった　写真提供：牛島裕康

2　東京西南部に続々と開業する電気鉄道

東京横浜電鉄と池上電気鉄道の設立・開業

東京横浜電鉄開業時の渋谷駅。島式ホーム1面2線に単行の電車がちょこんと止まっている　写真提供：東急電鉄

1　日吉で開始された東横線の建設

　東横線日吉駅は、地下にホームが2面、上り下りが2線ずつ、計4線ある明るい地下駅に生まれ変わっている。

　これは1986（昭和61）年にできた特定都市鉄道整備促進特別措置法（特々法）の認定を受けた整備積立金制度（利用客の運賃の一部を上乗せし、それを積み立てて、工事の費用に充当させることができる）適用第1号工事として、1991（平成3）年秋に竣工した。

　現在では、線路の上に地上3階建ての日吉東急アベニューと一体化した駅舎が完成し、1階が改札口、地下1階に2面4線のホームになっている。当初は東横線の緩急接続と特急通過待ちを行っていたが、目黒線の開業により外側

43

1922(大正)11年ごろの日吉駅。周囲は田園で、建物が見当たらない。こののち、目黒蒲田電鉄が日吉台住宅地として開発していく　写真提供：東急電鉄

2線が東横線、内側2線は目黒線で横浜寄りに引上線を設けて折り返し運転を行っている。

　バスターミナルは駅舎の横浜寄りにあり、線路上に人工路盤を設置することで、広いバスターミナルの敷地を確保している。2008（平成20）年3月30日には横浜市交通局グリーンライン（4号線）も開業し、こちらは地下3階が改札口で地下4階がホームになっている。

　今後は新横浜まで延伸して相模鉄道との直通運転計画があり、2015（平成27）年8月現在は目黒線の引き上げ線部分に地下区間へつながる下り勾配線路の新設工事を行っている。

　日吉は、かつて東横線が敷かれる際にも、敷設工事第1着手の地として歴史に名を残しており、駅近くにはそれを記念した石碑が建立されていた。

　東横線日吉駅の西口駅前に出ると、田園調布駅と同じく、放射状に道が延びている。そして、ロータリーからサンロード商店街を抜けて線路沿いに渋谷方面へ進んで行くと、左側に小高い丘がある。「日吉不動入口」と書かれた看板のある階段を15段ほど上ると、そこには「東急電鐵発祥之地」と刻まれた、高さ4メートルほどの大きな石碑が、目の前を走る東横線の電車を見守るように建てられていた。しかし、その丘の開発が進み石碑は撤去されていたが、創業者の精神を浸透させ士気を鼓舞する意味から、2003（平成15）年2月に元住吉教習所に移された。

第 2 章　東京横浜電鉄と池上電気鉄道の設立・開業

> 　此の地は東京急行電鐵の前身たる舊東京横濱電鐵が鐡道建設の第一着手として日吉より新丸子に至る水田を埋立てるため大正十四年一月十日土取場として最初に買収した土地である。爾来東京横濱電鐵は幾多の苦難を經つゝ總社員と株主の努力に依って昭和七年三月三十一日澁谷櫻木町間全線を開通すると共に發展に發展を重ねて今日の大東急を形成するに至った。茲に碑を建てこの地を東京急行電鐵発祥の地として永く記念するものである。

　こう書かれた碑文は、大東急を形成した五島慶太氏の撰により、1956（昭和31）年4月に建立されている。

　この碑文に記されているように、東京急行電鉄の前身は東京横浜電鉄であるが、さらにその前身会社として武蔵電気鉄道の存在があった。

　武蔵電気鉄道は1910（明治43）年6月に設立され、東京と横浜を結ぶ高速都市間鉄道をめざしていた。そのルートは、有楽町・巣鴨・新宿・中野の各地を起点として、現在の東横線とほぼ並行して走り、横浜の中心部を通って鎌倉へ至るという路線であった。

　資金がなかなか集まらなかった武蔵電気鉄道は、免許出願したものの大部分は失効し、渋谷〜高島町間、およびこれに分岐して新宿・蒲田に至る2支線のみの免許を所有。1924（大正13）年10月には、五島慶太氏の決断によって田園都市株式会社とともに事業を進めることとし、社名を東京横浜電鉄と改称するとともに、本社も目黒蒲田電鉄本社内に移された。

　この時点で、東京横浜電鉄と目黒蒲田電鉄は事実上一体化し、すでに開業し業績も順調に伸びていた目黒蒲田電鉄の後押しによって、東京横浜電鉄はようやく渋谷〜高島町間のうち、丸子多摩川（目黒蒲田線に接続、現・多摩川）〜神奈川間の

目黒蒲田電鉄目黒駅の構内。中央の煙突があるあたりが目黒蒲田電鉄・東京横浜電鉄両社の本社が位置していた　写真提供：東急電鉄

目黒蒲田電鉄開業のころの丸子多摩川（現・多摩川）駅付近。1931（昭和6）年に駅近くに多摩川園遊園地が開業し、多摩川園前駅に改称される　写真提供：東急電鉄

建設を着工することができた。

　こうして東京横浜電鉄は、1926（大正15）年2月14日から、目黒〜神奈川間を結ぶ神奈川線の営業を開始した。開通と同時に目黒蒲田線と神奈川線は相互乗り入れ運転を行い、目黒〜神奈川間の直通電車が運転され、これに伴い目黒蒲田線の丸子多摩川〜蒲田間は折り返し運転となった、と『東京急行電鉄50年史』には記録されている。

2　東京横浜電鉄の開業電車モハ100形

　東京横浜電鉄の神奈川線開通に合わせ、神戸の藤永田造船所で新製した車両が、半鋼製のモハ100形で、開通前後に計12両を新造している。

　車体は角張ったスタイルに丸屋根、ドアは3扉、全長16m、そして定員110人と大型化されており、運転室と客室の仕切りはホーロー引きの鉄パイプをH形に組んだもので、「Hポール」または「H棒」と呼ばれていた。

　開業時は乗客も少なかったので目黒蒲田電鉄で使用され、逆に目黒蒲田電鉄のモハ1形が東京横浜電鉄に入り、渋谷まで開通した翌年の1928（昭和3）年になって初めて東京横浜電鉄にモハ100形が全車揃ったとのことである。

　1942（昭和17）年にデハ3100形となり、太平洋戦争後の架線電圧昇圧時（それまで600Vであった電圧を上げて1500V化した）には、9両がサハ（モーターのない車両のこと）化され、サハ3100形として1970（昭和45）年まで東

池上電気鉄道は池上本門寺への参詣鉄道として開業した。写真は開業時に投入された1両のモハ4号　写真提供：東急電鉄

急線に在籍した。

　またデハ3110〜12号は、上田丸子電鉄へ600V用のまま売却されたが、今ではすべて廃車となっている。

3　本門寺参詣客の輸送電車・池上電気鉄道の開業

　池上電気鉄道は、1912（大正元）年12月に、荏原郡大崎町（現・目黒）から同郡入新井村（現・大森）に至る軽便鉄道の敷設免許を申請し、1914（大正3）年4月に取得した。

　さらにその3年後の1917（大正6）年6月に路線変更の申請をして、翌1918（大正7）年3月25日に認可され、「目黒不動尊、洗足池、池上本門寺、御嶽神社への参詣客輸送と野菜輸送」を主目的とした池上電気鉄道は正式にスタートを切った。

　その後、幾度かの路線変更の末に、ようやく1920（大正9）年に第1期線である池上〜蒲田間の用地買収が完了し、1921（大正10）年5月18日に工事に着工。翌年の1922（大正11）年10月6日に、池上〜蒲田間が単線で開業した。ちなみに、池上本門寺の御会式は10月11日から13日で、池上線の開業はすべり込みであった。

　池上電気鉄道は、その翌年5月に雪ヶ谷（現・雪が谷大塚）まで路線を延長させている。

開業時の玉川電気鉄道三軒茶屋付近。このあたりは現在、玉川通り（国道246号）と世田谷通りが分岐し、上空に首都高速3号渋谷線が延びている　写真提供：東急電鉄

　開業に際して新造された車両は小型の木造ボギー車で、目黒蒲田電鉄のデハ1形に類似したスタイルの、モハ3～6号の4両であった。

　ところが開業時に、この予定していた新造車両が間に合わないというハプニングがあり、急遽、駿遠電気（現・静岡鉄道）から2両を購入し、開通に間に合わせた。この車両はモハ1、2号車として起用されて「乙号車」と呼ばれ、新造車両は「甲号車」と呼ばれるようになった。

　その後、さらに静岡鉄道からモハ11、12号の2両を譲り受けている。

4　玉川と東京を結ぶ砂利鉄道

　玉川電気鉄道は1896（明治29）年11月18日に、玉川砂利電気鉄道の商号で玉川～三宅坂間の路線免許を出願した。その当時の日本国内は、日清戦争で大勝利を収めたあとの好景気で土木・建築業界は活況を呈し、東京市内では工事に必要な砂利や砂が不足しており、多摩川の砂利を東京市内に運搬しようというのが狙いであった。

　1902（明治35）年に、玉川砂利電気鉄道は東京市街鉄道の終点となっていた渋谷から大山街道上を通って玉川に至る路線についての免許を取得し、社名を玉川電気鉄道と改称。その翌年の1903（明治36）年10月4日、玉川電気鉄道はここで正式に会社を発足させた。

　農村地域の地主や上層農家を中心に設立された玉川電気鉄道は、資本金不

足を大都市資本家の参入で補う形をとっていたが、次第に経営のイニシアチブはこれらの投資家たちに握られていった。それだけ砂利輸送機能を持つ鉄道として先駆的な玉川電気鉄道は、投資家たちの間で注目される存在だったらしい。

設立当初の軌間は、まだ東京市街を走る路面電車の軌間1372mmを意識していない時期の計画であったため、軌間1067mmで営業を開始した。

1907（明治40）年3月6日にまず道玄坂上〜三軒茶屋間が開通し、続いて同年4月1日に三軒茶屋〜玉川間が開通。さらに同年8月11日には渋谷〜道玄坂上間が開通し、ここに渋谷〜玉川間が全線開通となった。

5　玉川電気鉄道の開業電車

玉川電気鉄道の車両は、東京市街で運転されていた車両と同様の、当時の標準型ともいえる小型の単車（2軸、すなわち4輪の車両）で、ポール集電方式の路面電車。電動車15両、付随車（モーターのない車両）7両が在籍しており、定員40人で、開業時からすでに2両運転を行っていた。

また、別に荷重10tの無蓋貨車が20両あり、砂利輸送に用いられていた。砂利を乗せた貨車を連結運転するため、バッファーと連環連結器を備えているのが、他に見られない特徴である。これによって砂利を満載した貨車を連結した電車が、玉川から渋谷へと向かうようになった。

高橋鉄工所、天野工場（後の日本車輌東京支店）で製作されたこれらの車両は、1920（大正9）年の改軌時に廃車となり、上田温泉電軌（現・上田電鉄）、駿遠電気（現・静岡鉄道）へ譲渡されたが、それらの車両は今ではすでに廃車となっている。

6　輸送改善を目的に改軌と複線化を実施

1920年9月3日、それまでの軌間1067mmから東京市電と同じ、1372mmに改軌した。これは、沿線に軍関係の施設が増加するとともに、新興住宅地が開設され、玉川への旅客誘致にも力を注いだ結果である。併せて、東京市電へ玉川の砂利を直接運ぶことができるようになり、渋谷での砂利の積み替えが不要となった。

同じ時期に、玉川電気鉄道は三軒茶屋以西の複線化を行って輸送効率の向上を図っている。

前述のように改軌時点での在籍車両22両は、すべて廃車されて新造車に取り替えられた。1〜15号の木造単車15両のほかに、16〜21号の大型ボギー車6両も新造されたが、これには貨車を連結しないことになり、連結器のない一般の路面電車のスタイルに近くなった。

7　玉川電気鉄道の延長

玉川電気鉄道は、乗客の増加にあわせて車両を増備したが、渋谷駅を通る山手線が高架化されると、その下をくぐって山手線内へと路線を延ばし、1922（大正11）年6月11日に渋谷〜渋谷橋間が開通した。東急百貨店の東館と西館を結ぶ1階の通路が、その名残であった。

翌1923（大正12）年3月29日には、渋谷駅前を横断する形で東京市電と接続し、東京市電の電動貨車が玉川線に乗り入れ可能となった。

1924（大正13）年3月1日になって玉川電気鉄道は玉川から砧までを延長した。この線は砂利を運ぶのが主目的のルートである。引き続き同年5月21日には、市内側の渋谷橋〜天現寺橋間が開通し、東京市電と接続した。これによって天現寺橋〜玉川間の直通運転が行われるようになった。

関東大震災では玉川電気鉄道が被った被害は少なかったが、東京市内の復興のために砂利が必要となり、東京市電の電動貨車も直接乗り入れて砂利運搬を行っている。

さらに、1925（大正14）年1月18日には、世田谷の奥地一帯の開発を目的として三軒茶屋〜世田谷間を開通させ、同年5月1日には世田谷〜下高井戸間も開通させた。また玉川電気鉄道は、多摩川を渡る二子橋建設の30％を負担して道路橋の中央を単線で走行する権利を得て、1925年9月には二子橋は開通し、それまであった渡し舟は廃止の状態になったという。

開業時の玉川電気鉄道。ポール集電の車両がすれ違った　写真提供：東急電鉄

3 隆盛期を迎えた目黒蒲田電鉄と池上電気鉄道

路線延伸と新型車両の投入

1 大井町線を開通

　目黒蒲田電鉄は、目黒蒲田線の全通後の新たなルートとして、省線の大井町と玉川電気鉄道の玉川を結ぶ大井町線の建設を決め、1927（昭和2）年7月6日に大井町〜大岡山間を開通させ、目黒蒲田線と接続した。この路線は目黒〜丸子間と同様に、はじめは田園都市株式会社が免許を取得していたものであった。

　大井町線は、さらに着々と路線を延ばし、1929（昭和4）年12月25日には二子玉川までが全通し、玉川電気鉄道と接続させた。

2 目黒蒲田電鉄デハ200、300形（後のデハ3150、3200形）

　大井町線の開業に合わせて、川崎造船所の標準型車両を導入することとし、1927年にデハ200形を6両、デハ300形を5両、クハ1形5両を新造した。クハ1形は1930（昭和5）年までに全車電動車化され、モハ300形となった。

　これらの車両は、丸みを持った車体と深い屋根をリベットでまとめ、重厚な印象を与える半鋼製車で、同系の車両が全国各地に見られた電車である。

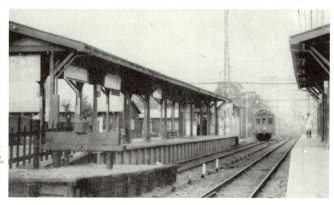

開業から間もない大井町線の大岡山駅。開業から約2年半は終着駅だった　写真提供：東急電鉄

正面には貫通扉が付いているが、この扉は連結運転用というよりも、方向板取り替えの便のために役立ったものである。これらの車両の運客仕切りもHポールであった。

1942（昭和17）年の改番で、デハ3150形と3200形となったが、太平洋戦争の空襲で荏原町駅において4両が全焼した。被災車の運命は不思議なもので、車体更新によりサハ3361、3362号、デハ3551、3552号として生まれ変わった。

3551号は架線検測車デヤ3001号に改造された後、東急車輛製造（現・総合車両製作所）へ譲渡され今では解体されてしまった。3552号は日立製作所の水戸工場内でインバータ試験車となったが、その役目も終わり廃車となってしまった。これらの車両のほかには、1966（昭和41）年以降に近江鉄道、熊本電気鉄道に売却されたが、すでに廃車解体された。

3　目黒蒲田電鉄モハ500形（後のデハ3400形）

東急のオリジナルともいえる車両が、1928（昭和3）年11月に川崎車輛で5両造られた。一番の特徴は電話ボックスのような形の片隅両運転台方式で、乗務員用の扉も初めて設けられた。

客室面積を増やすための工夫の結果として、客室内の座席は車端まで延びており、展望が良いのが好評で、かく言う筆者も学生時代、通学の際には一番前端に座って展望を楽しんだものである。

また、500形には初めてドアエンジンを採用し、そのスイッチは客室内にも取り付けられ、正面窓下の白い部分には「ドアーエンジン装置車」と表示していた。車端は折妻で、運転士側窓上部の通風口がアクセントになっている。

登場から間もない目黒蒲田電鉄のモハ500形　写真提供：東急電鉄

第3章　隆盛期を迎えた目黒蒲田電鉄と池上電気鉄道

デハ3400形に改番された元・目黒蒲田電鉄モハ500形。運転台に扉が取り付けられ、池上線などでも活躍した　写真提供：牛島裕康

以後、このスタイルが大量に増備されていった。

改番後はデハ3400形となり、1967（昭和42）年4月、こどもの国線が開通した際同線の初代専用車として、カラフルな塗装のMT（Mは電動車、Tは制御車）となって、デハ3405号とクハ3866号を連結して運転開始した。ところが、単行運転時はT車解放を鷺沼検車区で行うため、上り側にT車を連結する必要から、クハ3662号に変更して、単行または2両編成で長津田〜こどもの国間の単線をのどかに往復していた。

1974（昭和49）年に、まず2両廃車、1975（昭和50）年には弘南鉄道へ2両、東急車輌へ1両売却された。弘南鉄道では両運転台化され、大鰐線で活躍する姿が見られたが今ではステンレスカーに置き換わり、見ることはできない。

4　目黒蒲田電鉄モハ510形（後のデハ3450形）

田園都市線宮崎台駅の電車とバスの博物館イベント館入口には、1931（昭和6）年に造られたモハ510形が新製当時の姿に復元された形で展示されている。外板塗装はダークグリーン、屋根は茶色に塗られ、車内はすべて木製で、車両の側面には切り抜き文字でモハ510と大きく表示されている。

正面には方向板が掛けられ、渋谷や田園調布、桜木町といった行き先が表示され、終点で板を引っくり返したり、取り替えたりしていた。

また前述のとおり、それまで車掌が手で開閉し鍵を掛けていたドアに、ドアエンジンが取り付けられ、「ドアーエンジン装置車」と運転席の窓の下に表示されている。

さらに、当時は路線の周囲に建物等が少なかったため、日差しも強く、この

53

モハ510形の運転士窓にはひさしが設けられ、このスタイルは他社にも影響を及ぼしている。しかし、周囲に住宅等が林立するようになると、その必要性もなくなり、取り外された。
　この510形は、昭和初期における代表的な近代的車両で、500形に引き続き日本車輛と川崎車輛において50両が量産された。戦前において、一私鉄が1車種50両という例は珍しく、車種統一による運転操作の単一化による安全運転、およびメンテナンス経費（車両の保守費）削減といった経営の合理化を、いち早く実行に移したことの実例といえる。
　主電動機は、軸受に初めてベアリングを採用し、回転数を毎分1000回転に上げて、軽量化も実現している。このベアリングは、スウェーデンのSKF社製で、小型化されたモーターはHS-266、267形と呼ばれ、これ以降の新車に採用し、合計400台を保有するまでになった。
　また、制御装置は従来のものが空気操作式で、保守に手間が掛かりすぎるという欠点があったので、積極的にカム電動機操作式をテストし、さらに日立製作所の協力によってMC-200形制御器として実用化し、その後の制御器の発達に道を開くことができたのである。改番でデハ3450形となった。
　3450形は、東急の鉄道線全線で活躍したが、1981（昭和56）年から廃車が始まり、1989（平成元）年8月に営業線から引退した。中でも3499号は、長津田検車区構内で入換用として使用された後に東急車輛へ移り、両運転台のまま愛用されていたがその後解体が決まった。ところが、保存を希望する有志によって、2010（平成22）年に群馬県前橋市・富士見総合グランド付近で静態保存され、傷んだ箇所の修繕などを行ない、現役当時の姿に向けて整備をしている。
　唯一、東急に残っていた3498号は荷物電車に改造されていたが、荷物輸送の廃止のため、長津田車両工場に移って入換用として距離は短くとも21世紀になっても活躍していたが、2009（平成21）年に解体された。
　さらに、保存車として旧510号が「電車とバスの博物館」に運ばれ、517号は2つに分割されて、1つは3456号として展示され、もう一方は517号に戻りシミュレータの運転台となっている。
　この他にも3455、3469号が、千葉県の「いすみ学園」に保存されてたが、今は3455号1両が、その作業場前のプラットホームに停車している様な姿で保存されている。

5　池上電気鉄道の延長

　池上電気鉄道は、1927（昭和2）年8月に桐ヶ谷（現・大崎広小路〜戸越銀座間）〜雪ヶ谷間を複線で開通した。そして、1928（昭和3）年には五反田駅を開業し、現在の池上線の蒲田〜五反田間が全通。さらに同年、池上電気鉄道は雪ヶ谷〜国分寺間の路線を計画し、その一部である雪ヶ谷〜新奥沢間を同年10月に開業した。

6　池上電気鉄道デハ100、200形（合併後、モハ120、130形）

　デハ100形は、全長17ｍの半鋼製ボギー車で、1928年に5両、デハ200形は100形とほぼ同形で、1930（昭和5）年に3両、いずれも汽車製造株式会社（略称汽車会社、後に川崎重工業に合併）で造られた。この車両は池上電気鉄道が新造した最後の車両となった。

7　目黒蒲田電鉄と池上電気鉄道の合併

　発展を続ける目黒蒲田電鉄が、株式取得によって池上電気鉄道の経営権を譲り受けて池上電気鉄道を合併したのは、1934（昭和9）年10月1日であった。

　このときに編入された車両は、池上電気鉄道の新造車を含む22両であった。目黒蒲田電鉄と同じく鉄道省の払い下げ車も10両含まれており、後年車体更新された結果、デハ3300形、サハ3350形となった。

　デハ100、200形は、それぞれモハ120形、130形として引き継がれ、さらに大東急成立時にはデハ3250形となって池上線の路線を走り続けた。しかし、この車両は太平洋戦争の終戦直後、制御方法の違いにより他社製作車両と連結できず、使い勝手が違うという理由で、地方私鉄へ車両の提供を求められた際に譲渡された。

　池上線は、寺社の参詣客輸送以外に大規模な集客施設もなく、沿線居住者の日常の交通に利用され、1956（昭和31）年に全列車が3両編成となったが、その後の輸送量に変化もなく、それ以上の増備は必要とされていない。

　しかし、路面電車感覚の池上線は、道路から直接改札口に入ることができたり、数段の階段でホームに上れるなど、古き良き時代の姿がそのまま残っている駅も多く、高齢化社会の進む今日では乗降の便利さの面で評判も良い。

4 東横線の全線開通とキハ1形の登場

東京横浜電鉄の発展と東横車輌電設の誕生

1　桜木町駅開業

　東京横浜電鉄は、1927（昭和2）年8月28日に渋谷〜神奈川（現在の横浜駅より渋谷寄りにあった）間を直通させたことにより、神奈川線、渋谷線とそれまで分割していたこの区間の路線の名称を東横線と統一した。渋谷につながる交通機関、東横線によって沿線開発も活発に行われ、乗客が急増し始めた。

　『東京急行電鉄50年史』によると、東京横浜電鉄は横浜方面への延長を計画し、神奈川から高島町、桜木町、伊勢佐木町、上大岡、建長寺を経て鎌倉へ至るという鎌倉延長線の敷設免許申請を行ったが、鉄道省が東海道線の路線と横浜駅の位置を変更することにしたため断念している。最終的には、大正期に許可を得た当初の計画どおり、神奈川から高島町までを開通させ、さらに桜木町までを開通させることにしたという。

　この区間に設けられた駅は「横浜」と「高島」であったが、東海道線の横浜駅が移転開業するまでは東横線の横浜駅の営業を行わず、1928（昭和3）年8月3日に「高島」を「本横浜」と呼称変更することになった。東海道線横浜駅が開

東京横浜電鉄時代に桜木町駅延伸がなされた。高島町駅付近の高架化工事の写真で，左側は国鉄線　写真提供：東急電鉄

業したのは1928年10月15日であったが、「高島町」は1931（昭和6）年1月20日以来の名称である。

　こうして1932（昭和7）年3月31日、神奈川〜桜木町間の開通により東横線は桜木町まで全通した。苦難のスタートであった東京横浜電鉄は、業績が少しずつ上昇し、やがては姉妹会社の目黒蒲田電鉄を凌ぐようになるのであった。

2　電化鉄道のガソリンカー・東京横浜電鉄キハ1形

　東横線沿線の人口と学校の増加によるラッシュ緩和のための輸送力増強に際して、変電所の増備を必要としないために経費削減を図れるであろうという期待から、ガソリンカーを投入することにした。

　ガソリンカー・キハ1形は、1936（昭和11）年に川崎車輌で8両製作し、急行運転に使用されている。車体前面は流線形で、イエローとブルーの塗り分けも鮮やかで、ダークグリーンの電車の中でもひときわ目立ったに違いない。しかし、川崎車輌製の170馬力エンジン1基ではパワー不足で、加速も悪く、田園調布の坂を上るのには難渋したという。

　折り悪しく日華事変に突入したため、ガソリンが入手困難となり、1939（昭和14）年前後に、神中鉄道（現・相模鉄道）と五日市鉄道（現・JR五日市線）に譲渡されている。

　ガソリンカーを購入した最大の理由は、電車を導入すると変電所の増強に

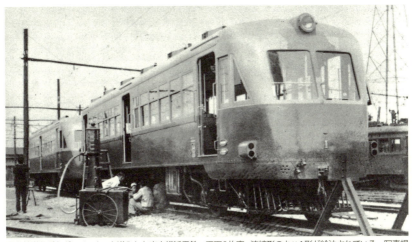

電化鉄道ながらガソリンカーを導入した東京横浜電鉄。正面2枚窓、流線形のキハ1形が給油されている　写真提供：東急電鉄

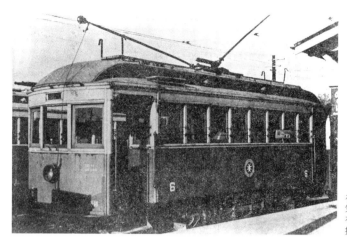

ポール集電だった玉川電気鉄道の車両。梨畑の間をトコトコ走った　写真提供：東急電鉄

多額の投資が必要とされるからであった。当時の電車1両の購入費が4万円、さらに変電所の増強に9万円を要したが、これに対してガソリンカーは購入費3万5000円と割安で、大幅な節約になったと思われる。しかし、当時開発途上のガソリンエンジンはトラブルも多く、整備に苦労したとのことである。

　神中鉄道に移ったキハ1形は制御車となり、平凡な正面3枚窓に改造され、上田丸子電鉄（現・上田電鉄）、日立電鉄、日立製作所へ譲渡された。五日市鉄道に移ったキハ1形は、同線の国有化後、鹿島参宮鉄道に譲渡され内燃動車として活躍した。

3　玉川電気鉄道の延長と合併

　1927（昭和2）年3月29日に、玉川電気鉄道は、渋谷橋〜中目黒間が開通し営業を開始。さらに、同年7月15日には玉川〜溝ノ口間を開業した。橋を渡りきった所が二子新地前（現・二子新地）で、そこから溝ノ口（現・溝の口）までを複線とし、梨畑の間を専用軌道として大山街道の南側を走った。この間に車両の増備が続けられ、車両も半鋼製車となり、1929（昭和4）年の最盛期には66両を数えるに至った。

　1936（昭和11）年から東京横浜電鉄の傘下に入っていた玉川電気鉄道は、1938（昭和13）年4月1日、正式に合併された。それに伴い、玉川電気鉄道の路線は玉川線となり、57両が東京横浜電鉄に編入された。

　また、玉川電気鉄道は渋谷駅の位置に7階建ての玉電ビル建設を予定していたが、日華事変の進展により数々の規制を受けて4階までに縮小すること

第4章 東京横浜電鉄の発展と東横車輛電設の誕生

玉川電気鉄道のターミナルとして渋谷の玉電ビルは建設された。写真は基礎工事で、規模の大きさが推測できる　写真提供：東急電鉄

になり、そのビルの2階に玉川線を乗り入れることにした。この結果、東京市内側の路線と玉川線は直通運転ができなくなった。そこで、渋谷から東京市内側の路線は、東京市電から車両を借りて分離営業を行い、借用した東京市電400形に、玉電や東京横浜電鉄のマークを付けて走っていた。1938年11月1日から経営を東京市電気局に委託し、その後譲渡されている。

　一方、玉電ビルには続々と私鉄各線が乗り入れを開始し、1938年12月20日には地下鉄の東京高速鉄道が3階へ、翌1939（昭和14）年6月1日には合併により東京横浜電鉄の所轄となった玉川線が2階へと乗り入れを開始し、さらに同年9月20日には帝都電鉄線（現・京王電鉄井の頭線）との連絡橋も直結開通し、渋谷駅は総合駅として機能することとなった。

4　東京横浜電鉄の発展とモハ1000形（後のデハ3500形）の登場

　1939年10月1日、目黒蒲田電鉄は東京横浜電鉄を合併し、社名を同月16日に東京横浜電鉄と変更した。

　『東京横浜電鉄沿革史』によれば、鉄軌道業にあっては、日華事変以後の統制の強化による自動車からの乗客転移、沿線学校の開校や新興工場の活況等により乗客が漸増し、副業の百貨店事業も日常生活の必需品販売を建前としているので好成績を収めた、とのことである。

　1939年に川崎車輛で、新車22両の大量増備がなされ、東横線に集中配置された。

　この車両は窓が大きく、屋根のカーブも変わり、台車は長軸を組み込んだも

のであった。軌間が1435mmの京浜電気鉄道へ乗り入れる計画があったことから、1067mmから改軌可能な台車を最初から用意していたのであった。

510形と基本寸法は同じであるが、ひとまわり大きく見える。長軸台車のために、台車も大きく見えるのかもしれないが、戦前戦後を通じ、東横線の主力車種としての貫録十分といえる。

主制御装置は日立製で、510形に端を発した多段式のカム電動機操作式制御装置にさらなる改良が加えられ、多段式制御器として初めて、ノッチ数を従来の9段から21段に増加したMMC-H200形を試験的に取り付け、乗り心地の向上に記念すべき一歩を踏み出した。この方式は以降の標準装置となっている。

5　東横車輛電設の誕生

東京横浜電鉄は、技師長小宮次郎氏の発案で、1940（昭和15）年3月に川崎車輌の協力のもと、電車と部品の修繕を目的として東横車輛工事を設立した。そして、1973（昭和48）年4月に東横車輛電設となり、2008（平成20）年3月に東急テクノシステムに商号変更した。

当初、東京横浜電鉄では車両の整備・点検を、社内と外注の二本立てで行っていた。すなわち、年間を通して一定の作業量があるもの、例えば1ヵ月検査、1ヵ年定期検査、外輪削正、その他の日常的な小修理については、直営工場として元住吉工場および大橋工場が担当した。一方、作業量が一定でないもの、例えば事故車の修繕や改造工事、10年定期検査、あるいは突発的作業については、臨時工事として社外の専門業者に請け負わせるという方式である。

本来ならば、一流の車両製造会社に依頼すべき外注工事が、日中戦争勃発以来、これらの会社に引き受けてもらえない状況となり、やむなく個人経営の小規模工事店などに任されるというのが実情であった。

そこで、設立趣意書に「今回東横ノ資本ト使用上ノ経験トニ配スルニ川崎車輌会社ノ斯界ニ於ケル地位ト製造上ニ於ケル優秀豊富ナル技術経験トヲ利用シ新ナル工事専門会社ヲ設立シ以テ時代ノ要求ニ応セントスルモノナリ」と書かれているように、新たに車両工事専門会社が設立されることになったのである。

東横車輛工事の初仕事は神中鉄道のガソリンカー（前述のキハ1形）の出入口改造工事であった。

6　玉川線の輸送改善

　1939（昭和14）年に、玉川線は木造車の台車を利用して大型の70形半鋼製車の使用を開始したが、窓も大きく好評であった。これが後の60形である。

　太平洋戦争勃発後には、高津、溝ノ口（現・溝の口）周辺に工場が建ち、工場従業員の通勤の足としての役割は大きくなり、大井町線から玉川線へ乗り換える人数が増加した。しかし、玉川線の車両は小型車のため収容力不足となり、大井町線の車両乗り入れを決めた。

　このとき、玉川線の軌間は1372mmであったため、大井町線の軌間に合わせ、1067mmに改軌し、1943（昭和18）年7月に、玉川線は二子読売園（現・二子玉川）止まりとなった。

　また、砧線は戦時下の輸送力増強のため、1945（昭和20）年に地方鉄道化が許可され、運賃も通算されるようになり、改札口を出ての乗り換えはあるものの、砧から自由ヶ丘（現・自由が丘）方面や溝ノ口までの乗車券が発売されるようになった。車両は従来どおり玉川線と共通であった。

　1942（昭和17）年に、2代目のデハ70形3両が川崎車輌で新造された。路面電車としては大型の車体を持ち、前面は中央の窓が大きく、左右が小さい3枚窓で、中央運転台方式。資材不足のため、8両すべてが揃ったのは太平洋戦争が終わってからとなった。

　集電装置は当初トロリーポールだったが、1949（昭和24）年にビューゲルに交換され、さらに1956（昭和31）年にはパンタグラフ化された。

　戦後の大混雑を乗り切るため、1949年に連結器を取り付けて重連運転を開始し、その後連結2人乗り方式を採用。さらに連結面の運転台も撤去されていった。

続行する玉川電気鉄道の車両。デッキに立つ人も見え、旺盛な利用が見て取れる　写真提供：東急電鉄

5 首都圏に誕生した大私鉄

小田急、京王、京急を併呑(へいどん) 大東急の誕生

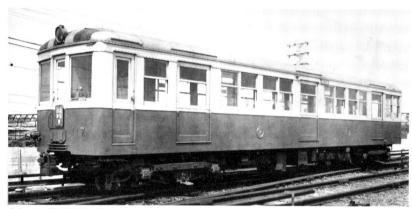

東京メトロ銀座線新橋〜渋谷間は東京横浜電鉄系列の東京高速鉄道が開業させた。100形は開業時に投入された車両で、1両がカットモデルで地下鉄博物館に展示されている　写真提供：東急電鉄

1　東京高速鉄道の開業車　100形

　1934(昭和9)年9月5日に東京高速鉄道は、2番目の東京の地下鉄道として渋谷線(渋谷〜新橋〜東京間)、新宿線(四谷見附〜麹町〜築地間)、連絡線(四谷見附〜赤坂見附間)の免許を東京市から譲り受け、設立された。

　そして、1938(昭和13)年11月18日に、青山六丁目〜虎ノ門間を開業し、渋谷駅には同年12月20日に、省線電車(現・JR線)をオーバークロスして、地上12.1mの位置に乗り入れた。

　東京高速鉄道は玉電ビルの3階部分に入り、ビルを貫いた形で山手線の外側に出るというもので、折り返し線とともに車庫も併せ持っていた。

　1939(昭和14)年1月15日、東京高速鉄道は渋谷〜新橋間を全通させ、しばらくの間は、新橋で東京地下鉄道(新橋〜浅草間)との乗り換えが行われた。今でもそのホームは残っている。

　東京高速鉄道の車両として100形が30両一挙に新造された。車体は窓下が濃緑色で、窓上はクリーム色と2色に塗り分けられている。全鋼製であった

が、床は木張りであった。

　正面上部に通風器が設けられていることが外観上の特徴で、制御装置は多段式で、当時すでに電動カム方式を採用していた。発電ブレーキを持ち、高速からのブレーキは、まず空気ブレーキ弁を操作し、次に主幹制御器を発電制動側へ回し、低速になって再び空気ブレーキを操作する。この作業を行うには、かなりの訓練を要したという。

　東京メトロ東西線葛西駅にある「地下鉄博物館」には、100形の先頭部が台車、制御器とともに保存されており、当時の姿を偲ぶことができる。

2　帝都高速度交通営団の設立

　交通事業の効率化を目指して、1938年4月2日、陸上交通事業調整法が公布された。この法によって、山手線内の地上交通機関は東京市が経営し、外側は4地域（東武・西武・東急・京成）に分かれ、地下鉄は一元化することとなった。

　1941（昭和16）年7月4日には、帝都高速度交通営団（現・東京メトロ）が設立され、翌1942（昭和17）年6月5日に営団地下鉄線として赤阪見附～弁慶堀間を着工。こうして生まれた銀座線の車両は、順次、編成両数も増加し、84両で終戦を迎えた。その後、同営団は都心の交通手段を一手に引き受けた状態となった。そのため、渋谷駅は日々大混雑となったことから、ホームでの3列乗車を乗客に呼びかけるようになった。これが、今日の整列乗車の基になったといわれている。

渋谷で地上に出る東京高速鉄道の電車100形。帝都高速度交通営団の発足後は、この区間に東京地下鉄道出身の車両も乗り入れるようになった　写真提供：東急電鉄

1934（昭和9）年に登場したモハ510形は、戦後3400形と改番され、1975（昭和50）年まで活躍した　写真提供：牛島裕康

3400形の運転台。製造時の雰囲気を晩年まで残していた　写真提供：牛島裕康

3　東京横浜電鉄での運転状況

　1942（昭和17）年4月30日当時の、車両ならびに運転に関する記録によると、東横本線と目黒線との表現が使われており、車両ではモハ1000形と510形の一部を暫定的に付随車として使用していた、とのことである。

　東横本線は、MTMの3両編成が、渋谷〜桜木町間と渋谷〜日吉間で運転され、不定期運転としてM1両編成で菊名〜桜木町間が設定されている。使用車両はモハ1000、510、サハ1形であった。

　目黒線は、MMの2両編成が目黒〜蒲田間のほかに、目黒〜田園調布間と目黒〜大岡山間で運転され、後者の2区間ではM1両編成の場合もあった。また、蒲田〜下丸子間の折り返し運転もM1両編成で行っている。使用車両はモハ510、300、200形である。

　大井町線は、MMの2両編成が大井町〜二子読売園（現・二子玉川）間と大井町〜荏原町間で運行され、大井町〜自由ヶ丘（現・自由が丘）間はM1両編成であり、使用車両はモハ500、150、1形であった。

　池上線は、五反田〜蒲田間がMM2両編成、五反田〜雪ヶ谷間と五反田〜旗ヶ岡（現在の荏原中延〜旗の台）間はM1両編成で運行され、使用車両はモハ150、120、100形であったと記されている。これは、東京横浜電鉄としては最後の記録である。

4　小田急電鉄と合併

　小田急電鉄は、1923（大正12）年5月に新宿〜小田原間の鉄道敷設を目的

に、小田原急行鉄道として設立された会社である。1927（昭和2）年4月1日に小田原線を一挙に全線開通、1929（昭和4）年4月1日には江ノ島線も開通させている。

1938（昭和13）年に制定された陸上交通事業調整法により、1940（昭和15）年5月に小田原急行鉄道は、渋谷〜吉祥寺間を開業していた帝都電鉄を合併し、社長には小田原急行鉄道社長の利光鶴松氏が就任した。そして、さらに小田原急行鉄道は、親会社にあたる鬼怒川水力電気に合併されて、商号を小田急電鉄と改めた。

ところが、その直後に小田急電鉄は経営困難に陥り、同社側からの申し出によって、1941（昭和16）年9月に東京横浜電鉄社長の五島慶太氏が小田急電鉄社長に就任。その翌年5月1日に、小田急電鉄は東京横浜電鉄に合併されて、社名を東京急行電鉄と改めた。

合併時に小田急電鉄が所有していた車両数は108両であった。それらは小田急系が電動客車61両、制御客車18両、旧帝都系が電動客車17両、制御客車12両で、1942年10月には、デハ1600形が新造されている。

1943（昭和18）年7月、小田急電鉄から転入してきた、鉄道省からの払い下げ木造車モハ1039、1040、1049号が、デハ1100形（1101〜1103号）に改番され、二子読売園（現・二子玉川）〜溝ノ口（現・溝の口）間の改軌乗り入れに伴い、大井町線で使用。その後、相模鉄道へ転出し鋼体化されてモハ2001〜2003号となった。

また、小田急線のクハ564号はモハ251号に改番された後、合併に際してデ

新宿をターミナル駅とする小田原急行鉄道は、1942年に東京横浜電鉄に吸収合併されたが、1948（昭和23）年に東急から分離し、小田急電鉄として再発足した　写真提供：東急電鉄

小田急線で使用されたクハ564号の車体は、後年、荷物電車デワ3041号に流用された。デワ3041号は1981年にデワ3043に置き換えられ、引退後長期間留置されたが、その後解体された　写真提供：牛島裕康

ハ1366号となった。その後、一時井の頭線で使用されたが、1947（昭和22）年になって東横線へ転出。2扉であった車両が3扉に改造され使用されていたが、1964（昭和39）年に車体を新製してデハ3554号となり、旧車体は荷物電車のデワ3041号に転用され、中央の扉が広げられて両開きに再改造された。

5　京浜電気鉄道と合併

　京浜電気鉄道は、1898（明治31）年2月25日に川崎大師と川崎駅を結ぶ目的により、大師電気鉄道として設立された。翌1899（明治32）年1月21日に、関東初の電気鉄道として六郷橋〜川崎大師間2kmの営業を開始した。さらに東京〜横浜間の計画立案をめざして、開通3ヵ月後には京浜電気鉄道と改称した。

　京浜電気鉄道は、1901（明治34）年の六郷橋〜大森間を皮切りに路線を延長し、1904（明治37）年には川崎〜品川間を開通させ、この年から軌間を1435mmから、東京市電と同じ1372mmに改軌した。また、品川延長後には、日本で初めてボギー電車を採用し、併用軌道を専用軌道に改良して、日本の中でも比較的早い時期に高速運転を行っている。

　翌年の1905（明治38）年には横浜の仲木戸までを開通させ、さらに1925（大正14）年には品川駅前へ進出し、1930（昭和5）年には横浜駅に乗り入れた。

　その一方で、京浜電気鉄道は湘南電気鉄道の設立にも参画し、1931（昭和6）年には両社の路線はつながった。

　1933（昭和8）年には、湘南電気鉄道の軌間1435mmに合わせて、京浜電

第5章　小田急、京王、京急を併呑 大東急の誕生

品川～横浜間を結ぶ京浜電気鉄道は、小田原急行鉄道とともに1942年に東京横浜電鉄に合併され、3社合同となったことから東京急行電鉄と社名を改称した。1948年に東急から分離し、京浜急行電鉄として再発足した　写真提供：東急電鉄

気鉄道の軌間を改軌し、品川から湘南方面への直通運転を始めたが、その後、両社の経営を一本化する動きが起こり、1941（昭和16）年11月に京浜電気鉄道は湘南電気鉄道と合併し、社長には五島慶太氏が就任した。

さらに京浜電気鉄道は、1941年6月に横須賀堀之内～久里浜間の建設に着手したが、その途中で東京横浜電鉄に合併され、社名を東京急行電鉄と改めた（後述）。

久里浜へは東京急行電鉄の路線として、1942（昭和17）年12月に達している。

合併時に京浜電気鉄道が所有していた車両は127両で、その中のデ1形、デ71形、デ83形、デ26形は、まとめてデハ5230形に、デ101形はデハ5170形に改番された。

また、合併以前に川崎車輌に発注され、合併後に完成したデ200形とデ250形は、急遽形式変更されてデハ5300形となった。

太平洋戦争中、旧京浜電気鉄道の路線は、軍需面において横須賀へのルートとして重要な任務を負っていたため、関東内の民間鉄道の中でも空襲による被害が大きく、デハ5230形やデハ5170形など、計18両が全焼した。

6　東京急行電鉄の誕生

1942（昭和17）年5月1日に、小田急電鉄と京浜電気鉄道を合併した東京横浜電鉄は、社名を東京急行電鉄と改称した。

3社合併により、東横線、目蒲線、大井町線、池上線、玉川線に加え、京浜

合併によって、東京急行電鉄の営業路線は急速に拡大。写真は看板架け替え風景
写真提供：東急電鉄

京王電気軌道は現在の京王電鉄の前身。1944年に東京急行電鉄と合併し、1948年に旧帝都電鉄（現・井の頭線）とともに分離し、京王帝都電鉄が発足した。写真は調布駅　写真提供：東急電鉄

電気鉄道からは京浜線、湘南線、穴守線、大師線が編入され、小田急電鉄からは小田原線、江ノ島線、帝都線が編入されて、東京急行電鉄は総営業距離が270km、総車両数は603両という大規模な私鉄となった。

　太平洋戦争の始まった1941（昭和16）年12月以降、海軍からは国内軍事施設や軍需工場地帯における輸送力の増強を要望されるようになり、前述のとおり1942（昭和17）年12月に、横須賀堀之内〜久里浜間を結ぶ久里浜線の営業を開始した。

　また、高津、溝ノ口（現・溝の口）周辺にも軍需工場が進出し始めたため、二子橋の増強、駅舎の改良などを行い、1943（昭和18）年7月に大井町線の溝ノ口乗り入れを開始している。さらに1945（昭和20）年には川崎〜大師間を走っていた大師線を桜本まで延長し、川崎臨海工業地帯への輸送力強化に協力した。

　国家総動員で戦時体制に突入しているさなかの1944（昭和19）年2月に、東京急行電鉄社長の五島慶太氏は、東條内閣の運輸通信大臣に就任している。

7　東京急行電鉄クハ3650形

　1942年8月、川崎車輛で新造されたクハ3650形6両は、すべて上り方向を向いており、最初から片運転台方式を採用し、非運転台側には貫通口があった。その幅は広いもので、連結相手がいないため、大きな扉でふさがれていた。このスタイルは1000形を片運転台としたものといえる。

　戦後、進駐軍専用車が東横線を走ることになり、クハ3650形は車両の3分の1を仕切り、現在でいうグリーン車のような趣の車両となった。仕切り工事のほか、床にはリノリウムを敷き、ガラスは特別手配、座席のモケットも新品

に張り替えた。

　1946（昭和21）年9月から、外板窓下には専用車を表す白帯がペンキで描き加えられ、運転された。翌年10月1日からは白帯の下に黄色の円を描き、2等運賃で日本人も乗れるようになったが、1948（昭和23）年5月に仕切りも撤去されて平常に戻った。東京急行電鉄で専用車が運転されたのは、小田原線3両、湘南線4両、そして東横線5両であった。

　1953（昭和28）年に電動車化し、半分は方向転換して向きを変え、中間には戦災車のサハ3360形（戦災復旧車クハ3220、3230形を改番）を挟んで3両固定編成化され、幅広の幌も取り付けて驚くべき変身を遂げている。このMTMの固定編成は時代の先端をゆくものであり、さらに室内も一新された。クハ3650形は窓下に前照灯を2個取り付けた姿で一生を終えている。

8　京王電気軌道と合併

　1910（明治43）年9月に設立された京王電気軌道は、1913（大正2）年4月5日に笹塚〜調布間の電気軌道を開業し、笹塚〜新宿間には乗合バスを運行させた。また、1915（大正4）年2月には新宿追分まで進み、軌間は1372mmであったが、東京市電には乗り入れず、1916（大正5）年6月1日に調布〜多摩川原間、同10月31日には府中までを開通させた。

　京王電気軌道は玉南電気鉄道を設立し、1925（大正14）年3月24日に府中〜東八王子間を開通させた。その後、新宿〜東八王子間の一元化を図るため、翌年の1926（大正15）年12月4日に玉南電気鉄道を合併している。

　1938（昭和13）年の陸上交通事業調整法公布以降、中央線以南の私鉄交通機関で唯一残っていた京王電気軌道は、1944（昭和19）年5月31日に、東京急行電鉄に合併された。

　合併時、京王電気軌道には70両のボギー車が在籍していたが、車両サイズがグループ内他線車両と異なっていたため、東京急行合併以降の車両交流がまったく行われなかった。太平洋戦争では14両が焼けてしまったが、終戦後には8両が応急対策として復旧された。

9　合併による車両の改番

　1944（昭和19）年に、東京急行電鉄が京王電気軌道を合併した際、車両総数は713両にものぼった。

東横・京浜・小田急の3社が合併して東京急行電鉄が発足した当時の広告　写真提供：東急電鉄

天現寺橋電停に停車する玉電の車両。天現寺橋は現在の渋谷区広尾5丁目に位置し、天現寺線渋谷～天現寺間は1938年に東京市電（現・東京都交通局）に運営委託、1948年に譲渡された　写真提供：高松吉太郎

　合併により、車両の番号が重複するものが出てきたため、以下のルールによって改番が行われ、記号は電動車をデハに、制御車をクハに、付随車をサハに統一した。

〈玉川電気鉄道系　1番から999番、小田急電鉄系　1000番台、京王電気軌道系　2000番台、東京横浜電鉄系　3000番台、京浜電気鉄道系　5000番台〉

　軌間の同じ路線相互間においては、車両の融通も行われ、特に戦災を受けた際などには効果を発揮した。

10　江ノ島電鉄も傘下に収める

　1938（昭和13）年10月20日、東京横浜電鉄は鉄軌道事業における最初の関連会社として、江ノ島電鉄を傘下に収めた。

　1900（明治33）年11月に設立され、長い歴史を持つこの鉄道会社は、まず1902（明治35）年9月に藤沢～片瀬（現・江ノ島）間を開業。その後、順次路線を延長させて、1910（明治43）年10月には藤沢～鎌倉間と、現在の江ノ島電鉄の路線10.2kmを全通させている。

　なお、1911（明治44）年10月に横浜電気に合併され、さらに1921（大正10）年5月には東京電燈（現・東京電力）江ノ島線として営業されていたが、1926（大正15）年7月に新たに江ノ島電気鉄道が設立され、江ノ島線を買収して現在に至っている。

　1945（昭和20）年12月に、江ノ島電気鉄道には東京急行電鉄からデト3011号電動貨車が送られたが、その輸送経路は、当時車両輸送を担当していた荻原二郎氏によれば、菊名から横浜線で橋本へ、相模線・相鉄線経由で本厚木へ、そこから電気機関車に牽引されて藤沢へと運ばれて陸送されたとのこ

第5章　小田急、京王、京急を併呑 大東急の誕生

とである。

　1970（昭和45）年に、デハ87～90号（104～107号を改番した車両）の4両が譲渡されてデハ601～4号となり、ステップをなくしてホームから直接乗降できるように改造され、連結運転で使用されていたが、すでに廃車となっているが、東急世田谷線の宮の坂駅近くで静態保存されている編成があり、現在でもその姿を見ることができる。

11　相模鉄道の営業を受託する

　1944（昭和19）年6月1日に、相模鉄道は本線であった茅ヶ崎～橋本間を結ぶ相模線が政府に買収されている。そのため、前の年の1943（昭和18）年4月1日に合併した神中鉄道の神中線（横浜～海老名）のみの営業となった。

　この路線は、1943年に横浜～二俣川間を600Vで電化し、東横線からの送電で運転を開始。翌1944年までに二俣川～海老名間を1500Vで電化している。車両は旧モハ1形のほか、デハ1101～3号が転籍した。

　その後、空襲の激化や人員、資材、電力不足により経営が悪化したうえ、当局から複線化工事に着手するよう要望を受けたため、1945年6月1日から、委託を受けた東京急行電鉄が相模鉄道の営業を管理することになった。

　東京急行電鉄と、相模鉄道との車両の融通は活発で、600V区間にはデハ3400形が、また、1500V区間には、京浜線のデハ5230形が改軌のうえ入線し、運用された。

ガソリンカーの東京横浜電鉄キハ1形は6両が神中鉄道（現・相模鉄道）に譲渡された。神中鉄道は1943年に相模鉄道と合併し、キハ1形は1947年までに電車の制御車に改造され、クハ1110形に改称された　写真提供：東急電鉄

6 戦争の甚大な被害と東急の戦後復興

大東急の太平洋戦争と復興への第一歩

1　東京急行電鉄の被災状況

　東京市、横浜市、川崎市など、首都圏の主要都市はたび重なる空襲により、その大半を焼失。そして終戦を迎えた。『東京急行電鉄50年史』によると、1945（昭和20）年4、5、6月の空襲では、東京急行電鉄の所属車120両が被災。一部破損した車両の大部分は1、2ヵ月のうちに修復しているが、それでも可動車は70％に激減している。

　東京急行電鉄内の空襲で最も被害が大きかったのは、井の頭線永福町の車庫と工場であった。当時、井の頭線では31両の車両を所有していたが、1945年5月24日から25日にかけての東京大空襲で24両が全焼、残りの7両も半焼または事故車という状態になってしまったという。

　終戦時点（1945年8月）における、東京急行電鉄の戦災による全焼車両の総数は62両で、井の頭線以外の全焼車両の状況は、次のとおりである。

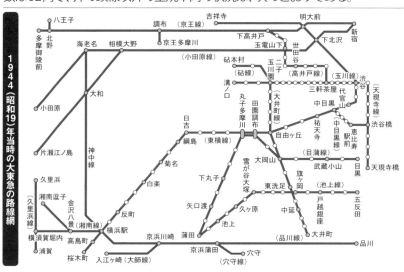

1944（昭和19）年当時の大東急の路線網

〈京王線12両、池上線2両、厚木線3両、目蒲・大井町線4両、京浜・湘南線18両〉

井の頭線の車両も戦災によって焼失したため、大東急内での車両相互融通措置（他線から車両を融通すること）を採り、急場を凌ぐことにした。

まず、小田原線から10両が転用され、さらに新造車についても東横線等の分を転用して、その間に戦災車両の復旧

戦時中は男性が出征し、鉄道の現場では女性が活躍した。東急でも例に漏れず、女性が列車の運行に携わっていた　写真提供：東急電鉄

に努めた。やがて配属車が30両、可動車は26両に回復したため、小田原線から転用していた車両を返還し、東横線に4両を転用している。

2　東急系列のモーター修理会社と車両製造工場の設立

1946（昭和21）年から1947（昭和22）年にかけて、東京急行電鉄はモーターの修理を東京地区で行う目的で、日立製作所の技術提供を受けて、日本モーターを設立した。東京急行電鉄の変電所となる予定だった大倉山工場を利用してスタートした日本モーターの最初の仕事は、モーターのアマチャ（回転子）巻き替え作業であった。

1954（昭和29）年になって、日本モーターは東横車輛工事に吸収合併され、社名は東横車輛工業となった。ここではさらに、電設工事も担当するようになり、1973（昭和48）年には東横車輛電設と改称され、今日の東急テクノシステム（株）に至る。

また、同時期に東京急行電鉄は車両製造工場を設立した。横浜市金沢区にある東急横浜製作所は、海軍技術廠の払い下げ工場を整備し直したもので、被災車の修理や定期検査を担当した。これが後の東急車輛製造（現・総合車両製作所）である。

3　国鉄の被災車を復旧〜デハ3600形、クハ3670形、クハ3770形

昭和20年代の初めは新造車の生産が間に合わず、車両の新造は運輸省の割

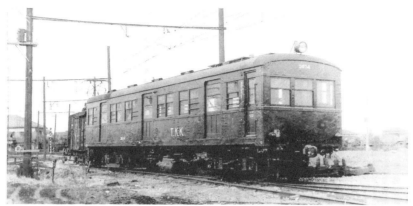
登場当時のクハ3670形。当時大型ガラスは高価だったため、ドア窓や前面窓も小さな窓を組み合わせていた　写真提供：荻原二郎

り当て制であった。そこで、省線の戦災電車を復旧して使用するというアイデアが出され、運輸省に戦災電車の払い下げを申請して、37両を譲り受け、東横車輌、新日国工業、日本車輌、東急横浜製作所、汽車製造の5社の手により復旧した。

　そこで修復された戦災電車は、デハ3600形16両、クハ3670形9両、クハ3770形12両となり種々のスタイルで登場し、東横、目蒲両線に投入された。

　復旧した車両には、戦災車両の鋼体をそのまま使用し復旧した車両と、台枠のみを利用して車体を新製した車両とがある。車体をそのまま復旧した車両の車体寸法は、地方鉄道の車両定規（2744mm）からはみ出る最大幅2800mmであったため、両線のホームをそれぞれ削って、これに対応した。また、その使用線区は、特別認可を受けた東横線、目蒲線に限られていた。

　復旧車両は元来タフで頑丈な電車で、雨雪に強く、菊名駅が未改修のころに線路の冠水部分にM車が入らないように、制御車を下り方面に2両連結した2M2Tに編成し、仮ホームで折り返し運転を行った。こうすれば、モーターに水が入らないというわけである。このような運用で、雨季には大活躍をした。

　この時期、電車線電圧の1500V化が決定され、3600形、3700形製作のころより複電圧設計とし、昇圧をする際の準備工事を施した。クハ3670形9両については、準備工事がされていない600V専用車両であったので、準備工事がされているクハ3770形と形式が分けられていた。戦災車両の鋼体をそのまま復旧した車両は、外板の傷みがひどく、1960（昭和35）年より車体更新工事を行い、地方鉄道の車両定規に合ったノーシル・ノーヘッダ（窓の上下に帯のない

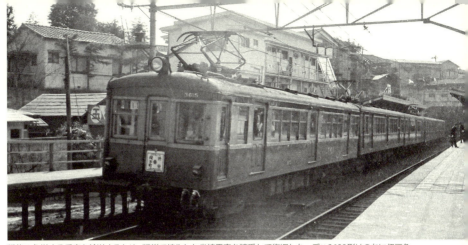

戦後の急増する乗客を輸送するため、戦災で焼失した省線電車を譲受して復旧した。デハ3600形はのちに伊豆急行線への貸与も行なわれた　写真提供：牛島裕康

すっきりとした外形スタイルのこと)のスマートな車体に生まれ変わった。後年に新製した7000系や8000系以降の車両の車体幅を2800mmにできたのは、デハ3600形での特別認可の賜物であった。

　電動車の運転台は全車上り側に設けられ、主電動機はMT-7・9・10形から142kWのMT-30・40形とHS-269Cr形という新品に交換され、台車ではコロ軸受化と一体圧延車輪化が行われた。主制御器はMMC-H-10Gとし、補助機関関係でも空気圧縮機をC-1000形に、電動発電機も直流と交流を発電する複流発電機に交換した。

　保安装置関係ではATS(自動列車停止装置)、速度計、走行中にドアが開くのを防止するための戸閉安全装置等が新設された。その他、連結器を柴田式から日鋼型密着自動連結器のNCB-2形とし、空気配管や機器内のドレンによる内部凍結防止をはかるために、自動排水弁の取り付けも施された。これに伴って、電気回路の引き通し線が不足するため増設も行われた。

　1958(昭和33)年には3609〜11号の3両が、両運転台に改造され、札幌郊外の定山渓鉄道へ譲渡されたが、現在では、この鉄道はなく道路用地となってしまった。

　1961(昭和36)年の伊豆急行開業時には、工事列車や貨物列車の牽引、さらに開業後の急激な発展に伴う輸送力増強用として、3608、3612、3677、3780号の4両は、同社へ応援に行き、車体もハワイアンブルーに塗られて、1964(昭和39)年12月16日まで活躍した。

　また、3608号は、1965(昭和40)年3月26日に返却され、車体更新後、こど

もの国線専用電車としてカラフルな塗色が施されていた。一方、3604号車は両運転台に改造され、1976（昭和51）年から1982（昭和57）年まで長津田車両工場で入換車として活躍した。

　1975（昭和50）年から1980（昭和55）年にかけて、3600、3670、3770形の合計20両は弘南鉄道に譲渡され、弘南線での主力車両となったが、残りの車両は1982年をもって、全車東急から姿を消した。

　弘南線でも譲渡された、デハ3601、クハ3672、クハ3773号の3両すべてが既に廃車になったが、クハ3773号は解体されず、弘前市大字高杉字神原・高長根レクリエーションの森にて、冬季のみスキー客の休憩室として利用されている。クハ3671号は名古屋鉄道に譲渡されたが、既に廃車になっている。

4　京浜線名義で製造されたクハ3660形

　1947（昭和22）年に登場した車両にクハ3660形がある。この車両は、もともと運転台改造工事中に焼損してしまった小田原線のデハ1158号の代替用に、川崎車輛で車体を製作したものであった。なぜか2両分の車体が完成したが、デハ1158号は相模鉄道で復旧して使用することになってしまった。

　当時は車両の新造が規制されていたので、苦肉の策として、元住吉に留置されていた京浜線の木造車2両の改造名義で竣工させたものである。台車は省線の戦災車サハ25形木造車から払い下げてもらったので、省線形のTR-10形であった。車体はデハ1150形に合わせ、15mと短く、東急線の制御車としては珍しい上り向き運転台車両であった。

　このように、戦後は苦労して車両を増備して、大事に使用したのである。

大東急時代に京浜線用の車体に省線の台車を履いて登場したクハ3660形。車体長が15mと短く、戦後の東急では異端の車両になった　写真提供：牛島裕康

　3662号は、こどもの国線専用となり、1975（昭和50）年に廃車となって府中の斎藤病院に寄贈されたが、残念ながら1994（平成6）年に解体されてしまった。

― 特別対談 ―
3600形の苦労話（宮田道一氏×荻原二郎氏）

焼け省電の復旧作業

宮田道一――荻原さんは東急電鉄の戦後復興期、乗客の増加による車両不足を補うために奔走されたそうですが、焼けた省電の車両を復活させてみようという発想はどこからきたんですか？

荻原二郎――終戦直後は、GHQが新車を造らせてくれなかったんです。でも、改造ならいいっていうんですよ。それなら省電の車両が焼けたままの状態でたくさん転がっているから、それを修理して起用したらいいだろう。ということになったらしいです。それが1945（昭和20）年度のことなんですが、運輸省のほうでも、この1年間、車両の不足分は戦災で焼けた車の復旧でやろうという方針だったようです。当時はあちらこちらに焼けた電車のボディーと台車が別々な状態で転がっていましたからね。私が見た中で、いちばん多く、焼けた電車が放置されていたのは久里浜でした。

宮田――最初は書類の手続きだけだったんですか？

荻原――そうです。下見とかに、いちいち出掛けたりはしませんでしたね。当時は、運輸省に鉄道監督局運転車両課というのがあって、そこが窓口となって

日吉駅に停車するデハ3600形。モハ30形・50形などの戦災省電を復旧したが、車両限界が東急より広い国鉄規格であったため、特認の上、東横線・目蒲線限定で運用された　写真提供：牛島裕康

割り当てを行っていたようです。東急入りした最初の復旧予定車の運搬には、私も立ち会いましたが、夜中に省電の電動車2台で挟んで、焼け電車をサンドイッチにして、八王子のほうから菊名まで引っ張って来て、そこから碑文谷の修理工場まで運んだんです。それはもう、ひどかったですよ。軸なんか油がきれているわけですから、夜中に火花を撒き散らしながら走って来るんです。周りで見ていると実に見事なんですよ。まるで花火みたいなんです。シュルシュルと炎をあげて(笑)。

宮田——それが、省電のモハ30形とモハ50形だったんですね。

荻原——ええ。東急に比べて省電の車両は幅が広いんですよ。それで、あちこちの駅のホームでぶつかるんで、だいぶ苦労しました。今でも覚えているのは、田園調布の駅でホームとの隙間ができるように、どうにか工夫してホームをやっと通り過ぎたと思ったところに、今度は下水管が出ていまして、私もそこまでは気がつかなかったので、それを壊してしまったりしました。

宮田——車両の中は、どのようになっていたんですか？

荻原——もちろん何にもないんです。すっかり燃えてしまっていましたから。骨組みだけ残った形なんですが、それもデコボコになっているんで、鍛冶屋のように叩いて元の形に修復しました。当時の電車は内装が木でできていましたから、それはもう、きれいに焼けてましたよ。丸焼けです。おそらく残っていたとしても、みんな薪にしたりしてきれいになくなっちゃったんじゃないですか？　燃料がなかったですからね、あのころは。桜のような硬い木を使っていたんで本当によく燃えたんですよ。

宮田——当然、身ぐるみ剥がされて来たんでしょう。それにしても、よく1947、48（昭和22、23）年ごろでガラスなどが手に入りましたね。

荻原——ガラスといっても、今のような一枚ガラスはなかったですよね。中に十文字に枠を入れて、小さい窓ガラスを埋めていったんです。

宮田——カッコよくいうと、ステンドグラスのようだった(笑)。

荻原——そのころ走っていた電車の中には、窓の中に1枚だけ小さなガラスを入れて、その回りには板を張って窓枠を埋めていたものもありましたから。

宮田——東横線では、省電の焼けたモハ30、50形を復旧し、きれいに塗装して、内装を施したうえで再デビューを飾ったわけですね。

荻原——ええ、中はベニヤの板張りでしたが。だいたい原型のままの姿に復旧されていましたね。東急が戦後すぐに車両の復旧作業を行うことができたと

いうことは、その当時、電気部品が不足した時代であったにもかかわらず、手持ちで部品が揃ったということが大きな要因だったと思います。戦前の東横電鉄時代から目蒲線に44両の新造車製造計画があって、コントなどは元住吉に保管してあったので部品がほとんどありましたから。結局買ったのはモーターだけで、東鉄（東京鉄道管理局の略）から古いMT-7・9・10形を購入したんです。

回送車の輸送方法

荻原──玉電の車を箱根登山鉄道へ運ぶときのことで、今考えると嘘のような話なんですが、真っ昼間にブレーキも効かない電車を新宿から小田原まで持って行ったんです。

宮田──それは、連結で持って行ったんですか？

荻原──ええ。僕は、それにくっついて行ったんですが、牽引する電動貨車に仮の連結器を作って引っ張っていきました。それで、待避線のあるところに必ず寄って、ひと電車をやり過ごしたりしました。おそらく時速30kmぐらいの徐行運転でいったんだと思います。

宮田──本来なら、ブレーキが効くようにして持って行かないといけないわけですよね。

荻原──あのころは、貨物のスピードが遅かったので、省線でも電車2両と緩急車1台の編成まではブレーキが効かなくてもよかったんです。それはおそら

クハ3670形は直流600V対応車だが、クハ3770形は600Vと1500Vの両方に対応する複電圧車両になり、形式が異なっている　写真提供：牛島裕康

くスピード（時速）65km以内のことだったと思いますが。そういうことは随分やりました。それ以降、貨物列車のスピードも上がってしまったのでできなくなってしまいましたが。専門用語でいうと、後ワフ前2両です。貨物列車は、そのころ車掌が乗っているワフという形式の緩急車が後に付いていました。ここまでは機関車からの操作でブレーキがかかるのですが、その後へまた、電車2両と緩急車を付けて後に付けたワフの前に2両という輸送形態で行ったんです。もう今では、そういうこともなくなりましたね。

63形として回送した復旧車の運搬秘話

宮田──東急で修復した車両以外に、新日国工業から車を買っていますね。

荻原──焼けた電車を自社で探してきて売っていたんです。新日国工業は戦時中は軍需工場だったので省線の引き込み線が入っていて、その関係で、焼けて使いものにならない電車が会社の敷地内に大量に放置してあったらしい。そこでまず、それを修理して売り始め、次第に自分で省電の焼けた車両を探してきては修理して売るようになったようです。

宮田──そのとき買った電車が、貨物列車を使わないで普通の電車として運んでもらったという車両ですか？

荻原──ええ。昔、省電は有名な63形で、東急が3600形でした。そこで、3の前にペンキで6を書き加えてしまって、省電車両として省電の路線を普通に走らせて回送したんです。基本的には、他社の車を運ぶときには貨物扱いになるんですが、手続きや入線検査に大変な時間がかかってしまうので、何時何分に通過するという電報一本で可能な電車の回送にしたんです。工場から平塚の駅まではSLで引っ張って、その後は東海道線に入って、品川から京浜東北線に入り、東神奈川まで来たんです。たまたま僕がその車両運搬に立ち会っていたら、東神奈川の駅員が「63形か……」なんて言って見てるわけです。「台車も確かにうちのだなぁ。でも少し車体が短いなぁ。色も緑色だなぁ」なんてやってるわけですよ（笑）。結局そのときは、それで済んだんですが、その後も、だいぶそうやって運んでいたらしいです。最後はバレてしまって文句を言われたらしいですが。

宮田──省線の63形はチョコレート色ですからね。危なかったですね（笑）。しかし、それほどの苦労をしてまで、混雑緩和のために車両の増加に努力した関係者の気持ちはよくわかりますね。

7 空襲被害の復旧を早める策として五島慶太氏の判断

大東急の分割と東急・京急・小田急・京王への再編成

大東急分離後の東急で初めて新製された3700系。当時は架線電圧600Vだったが、将来の1500V昇圧を視野に入れ、小規模な改造ですむよう設計された　写真提供：荻原二郎

1　戦後初の新造車デハ3700形、クハ3750形が登場

　太平洋戦争後、運輸省（現・国土交通省）は車両新造の能率を高めるため車両の規格を定めた。これにしたがって1948（昭和23）年5月16日には、3701号車が車体を川崎車輌、台車は住友のKS-33形で製作され、兵庫から東海道線を経由し、当時の東急と省線の接続駅である菊名駅に到着し、元住吉へ回送された。

　また東急横浜製作所（現・総合車両製作所）で、被災車両の鋼体をそのまま復旧した車両第1号車3771号が、いったん碑文谷工場（学芸大学駅〜都立大学駅間の現在ゴルフ練習場になっているところ）に入り、艤装工事を施されて5月27日に元住吉へと回送された。

　28日には3702号車と編成し、初めて元住吉〜渋谷間を試運転で走行し、6月11日に3701、3702、3771号の3両編成で公式試運転を行い、戦後初めて東横線に新造車が入った。同年12月31日までに、デハ3700形15両、クハ3750形5両、計20両の新造車が整備された。

　当時は戦後まだ日が浅く、極端な資材不足時代であった。そのため、新車を

登場当時のクハ3750形。1961（昭和36）年に更新され1980（昭和55）年まで東急線内で活躍した　写真提供：東急電鉄

製作すると代わりに新車を製作できない地方の私鉄に、手持ち車両の供出を命ぜられ、東急でも、この代償に3250形4両を供出した。車体は片運転台の全室構造、非貫通型であった。それまでの3500形等と比べ、車体長さが800mmほど長く、窓の天地寸法は小さくなった。将来の1500V昇圧を考慮して電気回路も異なり、特に低圧回路は、大東急時代にすでに昇圧を計画し検討された標準回路であった。主制御器は空気進段式のCS-5形で、その後CS-9形弱め界磁装置を取り付けたが、東横線ではあまり効果が発揮できなかった。

　1949（昭和24）年には、3700形を使用して急行復活の試運転を実施。急行運転は1950（昭和25）年8月1日に再開されたが、のちに昇圧工事の関係で一時中断している。また、貫通口は1952（昭和27）年から連結側に、1954（昭和29）年からは電動車では偶数車の運転室側にそれぞれ新設した。これらの車両は終戦直後の製造で、車体に使用した鋼材が空襲で被災していたため傷みが早く、経年の古い車両より早く車体更新をせざるを得なかった。

　1961年から1964（昭和39）年にかけて実施した更新工事では、クハ3750形とともに窓の高さを3500形と同じ950mmとし、電動車にはすべて貫通口を新設し、窓枠のアルミサッシ化、内張りのデコラ張り、床のロンリウム張り等を行い面目を一新し好評を得た。

　その後、同じ規格型を保有する名古屋鉄道で、輸送力増強を図るため既存車と同規格の車両を求めていたので、1975（昭和50）年から1980年にラッシュ対策として全車売却され、3880系として活躍した。

当時名古屋鉄道の車両は2扉であったが、東急から3扉の車両が譲渡され、運用してみるとラッシュ時の遅れもなく好評であった。そして、これが同社新造車の3扉化のきっかけとなった、とのことである。その車両こそ、1976（昭和51）年12月21日にデビューし長らく名鉄を代表する車両となった6000系である。

2　東京急行電鉄の分離・再編成

1948（昭和23）年6月1日に東京急行電鉄は4社に分離された。『東京急行50年史』によると、このとき元小田急電鉄の井の頭線は、京王電気軌道の戦後の復興に必要とされ、京王側の所属となり、京王帝都電鉄（現・京王電鉄）が誕生している。その一方で、小田急電鉄には井の頭線の代わりに東京急行電鉄の子会社であった箱根登山鉄道と神奈川中央交通を分割譲与し、小田急電鉄の再編成を図った。

また、東京急行電鉄は名称を継続し、東京横浜電鉄系の東横線、目蒲線、大井町線、池上線、玉川線の5線が、そのまま残留することとなった。大東急時代に転用された車両のうち、小田原急行電鉄から来ていたデハ1366、1401号の2両は、そのまま東京急行電鉄に残り、更新修繕のうえデハ3550形となって、後に豊橋鉄道へと譲渡され、モ1731号、ク2731号となって活躍した。さらに、クハ1550形は京王帝都電鉄に3両、東京急行電鉄に2両がそれぞれ配属されたままとなり、東急ではサハ3360形に変身した。

3　東京急行電鉄の昇圧

戦後処理が一段落してから、東京急行電鉄ではそれまで営業していた600Vから1500Vへの昇圧を図った。まず、転路開閉器を取り付けた複電圧車を準備し、1952年10月1日に最初に東横線が1500V化された。転路開閉器は、京浜急行電鉄が1947（昭和22）年に1500Vへ昇圧する際に使用したものを、そっくり譲り受けて使用した。以下、目蒲線、池上線、大井町線の順に複電圧車を転線し、車両を入れ替えたり、改修したりしながら昇圧していった。

1958（昭和33）年1月15日には、サハ化が予定され昇圧工事を受けなかったデハ3100形以外、すべての車両が昇圧し、東京急行電鉄各線はスピードアップされていった。

4　東急初の1500V車として登場したデハ3800形、クハ3850形

　デハ3800形は、1953（昭和28）年に東急横浜製作所から社名を変更した東急車輛製造で新製された、初めての1500V専用車である。2両のみの製造であったが、3000系最後の車両として忘れることのできない車両形式といえる。車体はデハ3700形に準じるが、ノーシル・ノーヘッダで、上窓まわりにはHゴムを採用した近代的な車体であった。

　性能はデハ3700形と同一で、台車はコイルばねを使用したYS-M1形で、モーターは東急最後の吊掛け式を採用している。東急の車両は、これ以降原則として東急車輛で造られることになる（一部は東横車輛工業）。なお、当時の車体色は黄色と紺色のツートンカラーであった（YSは横浜製作所の略）。

　1976（昭和51）年の車体更新時に、3802号は運転台を撤去して中間電動車化し2両ともアルミサッシの普通の窓構造に変更され、3801号の前照灯はシールドビーム2灯となった。

　一方、クハ3850形は、1952（昭和27）年に川崎車輌で3850〜3854号車がOK-6形台車を付けて5両、東急横浜製作所で3855号以降がYS-T1形台車付きで12両製造され、いずれも乗り心地のよいものであった。

　なお、クハ3850形は、当初上り向き車両もあったが、1953年から1954（昭和29）年にかけて、車両はすべて下り向きに方向転換し、この結果、電動車3600、3700、3800形は上り向き、制御車は下り向きに統一した。

　車体はシル・ヘッダ付きで、窓寸法も3700形と同じ高さ850mmとしていたが、1974（昭和49）年からの更新時、天地寸法が拡大されている。更新により前照灯はシールドビーム2灯化、屋根の張上化（外板をそのまま屋根まで立ち上げるスタイルのこと）なども行われた。正面の貫通扉の上にヘッダが付いているか否かでメーカーが判別できた。

　3850形の一部5両は、1976年にサハ3370形に改造され、3450・3500形の間に挟まれて3両固定編成となり、1989（平成元）年まで活躍した。

　1981（昭和56）年に、3801、3802、3855号が十和田観光電鉄に譲渡された。このとき電動車は両運転台化され、3802号は再び上り側運転室を復旧した。新設側は切妻のままとしているので、両端で異なった顔となっている。

　このほかの車両は、1984（昭和59）年以降に廃車となっているが、1989年にはさらにクハ3861号が十和田観光電鉄に譲渡され、2002（平成14）年に引

戦後の復興により、東急の乗客も年々増加。1950（昭和25）年には渋谷駅が3面3線に拡張されている　写真提供：東急電鉄

デハ80形は計28両が製造され、大半が玉電廃止時に引退。世田谷線では6両が運用されて、2001（平成13）年まで活躍した　写真提供：牛島裕康

退した。

5　流麗なスタイルの新型車デハ80形が登場

　世田谷線の車両の中で、もっとも優美なスタイルを誇っていたのは80形であろう。1950（昭和25）年に81〜84号車が日立製作所で、85、86号車が東急横浜製作所で製造された。

　1m幅の大きな窓をドア間に4枚とし、張上げ屋根のスマートなスタイルで、中央扉はデハ60、70形が車内に階段を設けたのに対し、ドアと連動して外側へ出る折り畳みステップとなった。妻面上部には、三軒茶屋で二子方面と下高井戸方面行きを区別する紫色の標識灯が設けられた。

　台車は後にTD-8形と呼ばれているもので、アメリカ・ブリル社の製品と同様枕ばねがコイルばねと板ばねを組み合わせた構造である。主電動機は74・6kWのHS-3502A形を取り付けた。同じ年に車体が木製のデハ20形を鋼体化して87号が登場した。台車はデハ40形と交換し、GE-263形主電動機を使用したが、後にHS-3502A形に交換した。

　その後も木造車の車体乗せ替えで80形は増備され、計28両となった。1956（昭和31）年には、全車両がビューゲルからパンタグラフ化され、1968（昭和43）年には81＋82号、83＋84号が「連結2人乗り」改造を受け、片運転台化、中央扉はデハ60、70形のように車内ステップ方式に変更された。

　81、82号は、もともとドアエンジン付きであったが、レバーを左右に回し直接空気を出し入れする方式から、電磁弁を介して電気で指令する方式に変更し、83、84号も同様に新設した。85、86号は、1970（昭和45）年に連結2人

乗り化されたが、両運転台のままとし各形式と連結できるようにしている。これは予備車としての必要性から編成替えのときに、上り、下りどちらにも連結が可能とするためである。

　一方、玉川線の廃止に伴い、1968（昭和43）、1969（昭和44）年に87〜103、108号が廃車解体となり、元の104〜107号を87〜90に改番したが、前述のような改造は行われず、1970（昭和45）年に江ノ島鎌倉観光（現・江ノ島電鉄）に譲渡された。

　81〜86号車は、車体更新を1978〜1981（昭和53〜56）年に施工され、側窓の下段は固定で、上段は下降式となり、また扇風機、暖房器の取り付けを行った。細部は変わったものの、正面4枚窓、運転席が中央より横に寄った独特のスタイルはそのままに世田谷線で活躍した。

　1994（平成6）年に、85号から順次、車両性能と保安度の向上、メンテナンスの軽減を図るため、台車、主電動機、駆動装置、ブレーキ装置を更新した。台車形式はTS-332形と称する、密封複列円錐コロ軸受使用のペデスタル軸箱支持のもので、枕ばねにコイルばねを使用している。

　ブレーキ装置はブレーキシリンダが車体取付けから台車取付け方式となり、元空気溜圧力の変化による影響を改善し、安定したブレーキ力を確保できる装置となった。そして、1999（平成11）年に登場した300系に台車を転用するため順次廃車となり、最晩年の81号は玉電時代の塗装を復活させるなどファンにも親しまれる存在であったが、惜しまれつつ2001（平成13）年に引退となった。

　なお、江ノ電に行った車両はすべて廃車にされたが、最後に残った601号（東急で104号から87号と改番された車両）が里帰りし、宮の坂駅前の世田谷区の宮坂区民センターに保存されており、すぐ脇の世田谷線で活躍する新世代の車両を見守りながら余生を送っている。

6　鉄道史に輝く名車・5000系がデビュー

　1954（昭和29）年、東急の車両史に大きな転換期が訪れた。車体構造に航空機の技術を取り入れて、張殻構造で超軽量化された意欲的な車両旧5000系（以下5000系と表記）が誕生したのである。

　この車両は車体長18m、全長18.5mと大型化したにもかかわらず、自重が電動車28.6t、付随車20tと従来車に比べ3分の2の重さとなり、外観も曲面を

第7章 大東急の分割と東急・京急・小田急・京王への再編成

東横百貨店（現・東急百貨店東横店）をバックに渋谷駅を発車する5000系。昭和30年代の名車として、日本の鉄道史を彩る形式だ。正面2枚窓、丸みを帯びた車体形状から「青ガエル」の愛称で呼ばれた　写真提供：東急電鉄

大胆に取り入れた流麗な形で、塗色もライトグリーン一色で最新鋭車の印象を与えるものであった。また、そのスタイル、カラーなどから「青ガエル」「雨ガエル」という愛称が付けられた。東横線のイメージアップとなったことが、多くの人々によって語り継がれている。

車体のみならず、新しい考え方や技術がいたるところに積極的に取り入れられていた。電機品はすべて東芝製で、主電動機の電気エネルギーを抵抗器で熱エネルギーに変えて消費させる発電ブレーキを採用、これによって発熱する抵抗器を電動発電機のファンで強制冷却し、その熱を客室暖房に利用した。

台車は従来のリベット止めや鋳物の方式から、鋼板溶接組立て構造を採用し軽量化を図るとともに、構造を簡略化して保守を軽減したユニークなものであった。最大の特長は、枕ばねの横剛性を左右復元力に利用することで、従来のような揺れ枕を廃止した仕組みで、同様の原理の台車はその後「東急車輛TS台車」として全国に広く普及した。主電動機は車軸に対して直角に取り付けられ、その回転を車軸に伝える駆動装置は、曲がり歯かさ歯車を使った直角カルダンとしたため、走行音も静かになり乗り心地の向上につながった。これは、自動車のエンジンの回転を後輪に伝えるメカニズムと類似のものである。

しかし、なにぶんにも従来採用例のなかった新機軸の技術が多かったため、台車の亀裂や制御装置に故障が多く、各メーカーとともにその対応に追われたが、これらは一つ一つ解決され、やがて安定した性能が保たれるようになった。

なお、5000系の制御器は、その後国鉄の標準型となったCS-12形の原型と

しての意義がある。暖房は省エネとしての発想はよかったが、温度のコントロールがむずかしく、後年、普通の電熱式ヒーターに取り替えた。

　デビュー当時は両先頭を電動車デハ5000形とし、中間には付随車サハ5050形を1両挟んだ3両固定編成であった。その後、編成両数の増加に伴い中間電動車デハ5100形とクハ5150形が加わった。このようにして、問題が起こっては、繰り返し改善され続けた戦後の革新的車両5000系は、1959（昭和34）年までに105両が製造された。

　増備が進むうち、デハ5000形が50両を超した両数となり、番号が足りなくなったので、5050形は5350形に改番されている。このように、しだいに勢力を伸ばした5000系は、4両、5両、6両と順次編成が長くなり、東横線の主力車両として活躍した。

　その後、新型車両の登場に従い大井町線に移り、5両編成、さらに目蒲線3両編成で運転されていたが、1977（昭和52）年に長野電鉄へ譲渡されたのを皮切りに、岳南鉄道（現・岳南電車）、松本電気鉄道（現・アルピコ交通）、上田交通（現・上田電鉄）、熊本電気鉄道、福島交通の各社に順次譲渡されて、東急線から姿を消した。

　そして、地方鉄道の車両近代化に貢献した5000系も次第に廃車が進み、近年は熊本電気鉄道に2両が残るのみとなっていた。しかし、2015（平成27）年3月に1両が引退し、残る1両も東京メトロ01系に置き換えることが決まり、引

試運転に望む5000系のトップナンバー。運転台の窓は大きくとられている

退は2016（平成28）年2月を予定している。

上田交通で引退した5001号は、東急にとって記念すべき車両として東急に戻され、元の姿に復元して長津田検車区で大切に静態保存されていたが、東急車輌に里帰りしたのもつかの間、縁あって2006（平成18）年10月からは渋谷区が青少年育成拠点として、渋谷駅ハチ公前広場に電車モニュメントとして車体半分が展示され、毎日大勢のお客さんを迎え入れている。

― 5000系開発担当者の苦労話 ―

5000系は、従来の吊掛け式から技術革新を志し、試行錯誤を重ねたうえで作られた車両であったため、さまざまなトラブルが多発した。

東急電鉄発行の『5000系思い出集』には、数々の失敗談と、その対策が記されており、その文集の中で取締役相談役・田中勇氏は、次のように述べている。

> 5000系車両は、昭和29年当時に、それ迄の吊掛式に対して技術革新を志して作った結果である。
>
> いざ、走り出したら、車体にしわがよった、駆動装置のトラブル、コントの苦労、といろいろ発生した。（中略）
>
> 台車の亀裂にしてもギリギリの設計をして作ってみたからこそ、足りないところが判ったのである。最初から心配して（板厚を）厚くしたら、どこが良かったのか判らない、悪い所が判ったら直せば良いのである。
>
> 今後車両を設計する技術者は、過去のいろいろな失敗を教わり良いものを作ることが必要で、後世の人が再び先人と同じ失敗をくり返したのでは日本の損失である。

また、5000系担当技術員であった金邊秀雄氏（後に車両部長、草津交通社長、相談役を歴任）は、

> 昭和29年10月14日の展示会には五島社長、東芝の石坂会長をはじめ関係各社、同業他社の首脳陣が試乗されるので、それに備えて、車両の整備と調整運転を繰り返し行っておりましたが、緊張した日々でした。多分に新機軸を盛り込んだ試作車の色合いの濃い車両ですから設計上の不都合と部品の初期故障が頻発しておりました。中でも、LB（断流器）、US（ユニットスイッチ）バック

接点のフィンガー折れが多発しました。(中略)フィンガーのメーカーに材質をチェックできる技術者を欠いていたためとのことでした。

　展示会当日、渋谷駅を出発して間もなく、このLB2aフィンガーが折れ、2ノッチが入らず、1ノッチのまま起動抵抗が過熱しない程度に、しかも試乗された方々に悟られぬよう運転士さんに運転方をお願いし、無事元住吉に到着させました。

　車内では熱風暖房をご披露しておりましたが、余りの暑さに、これでは効き過ぎだ（全抵抗が入ったままの1ノッチ走行とは知らずに……）といって暖房を切ってしまいました。

　展示会以後は、台車の調整ロッドのナット弛みが多発しました。回り止めのない三角ねじのシングルナットでしたが、後に梯形ねじのダブルナットにし、更に調整ロット受の亀裂が頻発するに及んでターンバックル式へと変更いたしました。部品の重量的バランスを欠いたための不具合で、後に台車枠にまで亀裂を生じる結果となり、何事も「バランス」の大切さを痛感させられました。また、コントのカム滑り込みによる爆発的なUS溶損故障が続き、苦心の果てに対抗カムを新設しました。更に高速運転によるモーターのフラッシュオーバーが多発し、ヨークの内側にアースリングを新設しました。これは分割型カーボン刷子と共にヒット作だったと思っております。

と、5000系開発当時の様子を語っている。

裾部は下に向かって曲線を描いている。丸みを帯びた5000系の形がよくわかる　写真提供：牛島裕康

8 昭和30年代、東急は本格的成長軌道に
飽くなき技術開発とステンレスカーの登場

1　輸送改善と設備投資の拡充

　東京急行電鉄は昭和20年代後半まで、戦後の荒廃からの復旧と基盤づくりに終始していたが、30年代初めからは高速化、輸送力の増強、保安度の向上に重点を置くようになった。このころから踏切をなくすための高架化工事が開始されている。

　鉄道事業において最優先されるものは安全である。そこで踏切をなくす立体交差化工事に取り組み、まず大井町線と第二京浜国道の平面交差を立体化する中延駅前後の高架化が1954（昭和29）年7月に開始され、1020mの工事が1957（昭和32）年7月に竣工し、9ヵ所の踏切をなくした。以後、東横線の都立大学駅と綱島駅付近、大井町線旗の台駅付近と、続々と工事が開始されていった。

　同年12月1日からは、東横線で車内警報装置の使用を開始し、私鉄の中でももっとも早い時期に保安度の向上が図られた。また、新技術を織り込んだ新型車両が続々と登場していく。

昭和を代表する東急の車両が勢ぞろい。一番左の5200系から東急のステンレスカーの歴史が始まった

当時としては先進的な低床の2車体連接車だったデハ200形。車体は5000系のモノコック構造を取り入れた　写真提供：東急電鉄

2　ペコちゃんことデハ200形がデビュー

　デハ200形は、乗客の増加が著しい1955（昭和30）年当時、路面電車にはあまり例のない連結運転を行い、輸送力の増強に努めていた玉川線に登場した、完全張殻構造の超軽量の高性能車である。

　丸みを帯びた車体は、床下の機器をその内部に取り付けたボディマウント方式である。ブレーキは従来の空気式に加え、発電ブレーキを使用。路面電車として画期的な三菱電機製の自動加減速制御器を使用した車両であった。この2両連接の流線形車両は、東急車輛が設計・製造を行い、乗り心地が良く、軽快で、「ペコちゃん」という愛称で親しまれた。

　2両連接で、これを1両と考えると、1両分（全長21m・自重22t）の輸送力が在来車の2両分に相当し、消費電力量が少ないという特長を持っている。連接車の前後の電動台車は2軸台車とし、中央連接部の台車は独創的な1軸台車として、超軽量実現のための努力が払われていた。また、直径510mmという、従来例のない小径車輪を使用したことにより、床面の高さがレール面より590mmとなり、それまでの80形より420mmも低くなって、乗降が楽な理想的な路面電車となった。

　2軸台車には平行に車軸とモーターの軸を配置した、平行カルダン駆動の38kW、毎分1500回転の主電動機を各2台取り付け、四角に板を組んだたわみ板接手と中間歯車を介して車輪を駆動させた。車体の荷重は側受で支持して

いるが、揺れ枕吊りを廃止、復元力を枕ばねの横剛性でもたせている。

軸箱は車輪の内側に設けて軽量化を図ったインサイドベアリング式で、車輪が側バリの外側に出ている。この構造上、軸箱は上下2つに分割できるようになっている。軸ばねは従来のような金属ばねを使用せず、ゴムの弾性を利用したゴムばねである。連接部分の1軸台車が後位置の車体を軌条に沿って導くためには、その車軸の中心線が常に曲線の中心に向いていなければならない。このために1軸台車には特殊なリンク装置を用いた。また、そのブレーキ装置には自動車のようなドラムブレーキを用いた。これは小型で、しかも十分なブレーキ力が得られ、1軸台車の小さなスペースに収めるのに適しているためである。

玉川通り（国道246号）を渋谷に向かうデハ200形。道路は渋滞し、自動車は軌道まであふれ、玉川線の運行に支障を来たしていた　写真提供：牛島裕康

側引戸はドアエンジン付きで、運転台後部は片開き、車掌の乗務する2ヵ所は両開き扉とした。このように流線形化された車体の外部に踏段を固定することはまことに不体裁であるので、これを折り畳み式にした。すなわち、運転中は側出入口の床下に収まり、外板と同一曲面の蓋となり、踏段を出すときはスイッチを操作すれば、電磁弁の働きによりシリンダに圧縮空気が送られ、ピストン棒がリンク装置を動かして踏段が出るようになっていた。

なお安全対策として、側引戸が閉じ、踏段が引っ込んでいなければ発車できないように、制御器と電気的に連動していた。

窓は軽合金押出型材で組み立てたユニットサッシ式で、上窓は下降、下窓は上昇式となっていた。

デハ200形は、床下機器の配置が極限設計のため保守面に難があり、1969（昭和44）年5月の玉川線廃止の直前、同年1月から廃車が始まり、廃止とともに最終日の運行をつとめた車両を含め全車が廃車。1955年の誕生であったので、その生涯は14年と短かった。

現在この車両は、田園都市線宮崎台駅の高架下にある「電車とバスの博物館」の1階に、204号が美しい状態で静態保存されている。車内に入ることもできる。

　その他、玉川線廃止後に34号が二子玉川園に、91号が世田谷区立総合運動場に保存されていた。また206号が野田市清水公園に運ばれて展示されていたが、屋外展示のため車体の傷みがひどくなり、いずれも解体されてしまった。

3　東横線の急行運転とネームドトレイン（愛称つき列車）

　東横線に投入された5000系は、明るいイメージと素晴らしい乗り心地で人気を博し、急行運転に使用されたが、1955（昭和30）年にダイヤを指定して、次のようなトレインマークを車両の前後に付けて、営業を行った。

> 【さざなみ号】…日曜日の朝（夏季のみ）、渋谷〜田園調布間の各駅に停車し、その後、横浜までノンストップで運行して京浜急行に接続するという海水浴急行列車。
> 【綱島号】…毎夕運転された納涼急行で、渋谷を出ると自由ヶ丘と田園調布のみに停車する。
> 【鹿野山号】【勝山号】…東海汽船の大島航路や房総半島への海水浴、ハイキング客のために、高島町に臨時停車する急行列車。

　東横線の急行運転は、1955年10月1日から終日運転となり、1957（昭和32）年10月1日からは、4両編成となった。そして、6両編成となったのは、1964（昭和39）年4月1日からである。

昭和30年代に東急は愛称付き列車を運行させた。写真は「さざなみ号」。海水浴への楽しみに満ちたネーミングだ　写真提供：東急電鉄

5000系裾部の丸みのままではステンレス板の加工は難しいことから、側面の形状は「くの字」になった。また、外板の表面にはコルゲート加工を行い、強度を上げた

4　我が国初のステンレスカー5200系のデビュー

　1958（昭和33）年12月1日、我が国最初のステンレスカーとしての栄誉をになう5200系が、3両編成で東横線に投入された。

　常時風雨にさらされる鉄道車両の車体は、どうしても腐食、劣化が進むため、定期的にその修繕と塗装を行う必要がある。そこで、車体を腐食しない材料で造り、修繕のための費用を削減しようという試みは、第2次大戦前のアメリカで始められていた。5200系を第一陣として、このあと各社に続々と登場するステンレスカーは、このアメリカにおける動きに倣ったものである。

　ステンレスカーは、塗装作業が不要となること、工場設備が簡素化されること、外装塗料のためのパテ付けや、塗料自体の重量の分のほかに、腐食による強度低下を見込む必要がなくなり、車体の部材が薄くできて軽量化されること、さらに、それに伴い消費電力量も低減されるといったメリットがある。

　電気部品や台車は5000系と同じものをそのまま使用し、車体は前面2枚窓、車体の骨組みは普通鋼で外板のみをステンレス張りとした、セミステンレスカー、またはスキンステンレスカーと呼ばれるものである。

　外板は着色をせず、配色の単調さを和らげるように、プレスで波形に成型したものを用いた。そこでついたニックネームが「湯タンポ」である。さらに、「青ガエル」と呼ばれた5000系のステンレス版ということで「ステンレスガエル」とも呼ばれた。

　ステンレス車に早い時期に取り組んだ東急車輛とステンレスメーカーの協力により、これ以降ステンレスカーが順調に増加してゆくこととなった。

5200系は3両編成で登場し、のちに中間車が増備されて4両編成となった。しかし、ステンレスカーの試作車ということもあり、1本のみの製造に終わった　写真提供：牛島裕康

5　5200系の運用

　当初はMTMの3両編成であったが、1959（昭和34）年に中間電動車を増備し、4両固定編成となった。その後、東横線の6両化に伴いグリーンの5000系2両と併結したり、大井町線では同じく5000系の中間電動車を間に挟んで5両で運行し、目蒲線では逆に中間車を外し、3両で走ったこともある。

　その後、上田交通（現・上田電鉄）に譲渡されたが1993（平成5）年に廃車になったため、そのうちの1両、5201号車を再度東急が引き取り、ステンレスカーの記念すべき第1号として長津田検車区で大切に保存された。その後、東急車輛産業遺産制度第1号として、生まれ故郷の東急車輛で永久保存されることとなり、工場正門を入った道路に沿って置かれ、来訪者を歓迎するかのように車体は輝いている。そして、産業考古学会（JIAS）から推薦産業遺産の認定、日本機械学会から機械遺産第51の認定を受けたことは、大変喜ばしいことである。

5200系の運転台。2ハンドルマスコンに、左から速度計・圧力計2つ、右は電流計である

更新前の車内には、蛍光灯にアクリルカバーが取り付けられていた

9 ステンレスカー王国の土台が着々と形成される
本格的なステンレスカー時代の到来

1 エコノミカルカー6000系のデビュー

　この電車は、前述の5200系における我が国初の試みであった車体のステンレス化に加え、さらに性能をアップし、経済性の高い主電動機・駆動装置・台車の組み合わせを新たに追加しモデルチェンジを行った、当時のニュージェネレーションである。

　1960（昭和35）年、東急車輌で製造された旧6000系（以下6000系と表記）は、たいへん意欲的な車両であり、当時京阪電鉄で実用例がある程度であった平坦線での電力回生ブレーキを、本格的に採用することを決めた。電機品が東洋電機製の制御装置のものを6001編成（4両）、東芝製のものを6201編成（4両）とし、一挙に2編成を投入したうえで、比較テストをすることにした。

　それまでの電気ブレーキは、その発生電力を床下の抵抗器に送り込み、熱として消費させることによってブレーキ力を得る発電ブレーキ方式だった。この発生電力を架線に戻して、他の電車の力行用に利用して電力の節減を図ろうとする「電力回生ブレーキ方式」の実験が、その前年から京阪電鉄で開始されていた。

　いずれも複巻電動機を使用し、全電動車方式となり、偶数車に取り付けられ

6000系は1964年に東横線から田園都市線に全車が移籍した。この時代は現在の大井町線も田園都市線と称されていた　写真提供：牛島裕康

旧6000系は5200系と同じく、車体に補強用のコルゲートが入れられた。4両1編成で20両が製造された

た1台の主制御器で2両の電動車を制御するユニット方式を採用し、奇数車には補助機器として電動発電機・空気圧縮機・蓄電池等を取り付けている。

さらに、我が国でも珍しい1台の主電動機で2軸を駆動させる方式が採用された。これは、1台車に1台の主電動機ということにより、主電動機の台数が半分で済むという経済的な面と、2軸駆動のため車輪が空転しにくいという両面の利点を活かそうというものである。このような方式は、電気機関車に採用されることはあるが、電車に対しては珍しいことである。空転するかしないかということは、レールと車輪との粘着に大きく影響される。したがって2軸が1つの主電動機と直結していることによって、車輪の空転を減らそうという着想からこの方式が生まれたのであった。

東洋車をA編成、東芝車をB編成と呼んだが、東洋の方式が一日の長があり、翌年、東洋製を3編成計12両量産し、C編成と名付けた。駆動方式は、東洋車はギヤ箱による平行カルダンを導入、東芝車は直角カルダンでモーターからの回転をギヤカップリングにより伝動した。

台車は空気ばねを初めて本格採用し、乗り心地を改善するとともに、空気圧を検知する応荷重装置を取り付けて、乗客の多少にかかわらず加減速度を一定にした。さらに空気ばねには内圧を変えて、車体高さを常に一定に保てるメリットもある。

軸箱支持は筒ゴム方式で、基礎ブレーキは自動車では実用化されているドラムブレーキと新機軸を盛り込んだが、鉄道の電車に採用するには構造がきゃしゃで、しばしば故障の原因となったため、後に両抱き踏面ブレーキに改修し、さらに軸ばねが追加された。ブレーキ方式は、HSC-Rと呼ばれる電磁直通ブレーキで、最初から保安ブレーキ装置を取り付けている。

車体はステンレスの輝きに変化をもたせるため、5200系と同様、外板を「く」

東急車輌製造株式会社

6000系開発時に東急車輌製造が発表したパース

旧6000系は1台の主電動機で2軸を駆動させた。これは日本の電車では珍しい方式で、主電動機が半分ですむ利点があった　写真提供：牛島裕康

第9章　本格的なステンレスカー時代の到来

中間車のデハ6100形は、床下に電動発電機や空気圧縮機などの補助機器を搭載している

の字状に曲げてある。側引戸は東急初の両開きで、同様に「く」の字状である。側窓は上下をワイヤで結んだつるべ式であったが、後に下窓固定、上窓下降式に改造した。

2　VVVF制御を実用化に導いた6000系

　室内更新は1976（昭和51）年から開始されたが、外観に表れる改造としては、方向板の行先幕化や、前照灯のシールドビーム2灯化がある。

　6000系にとってもっとも大きな変化は1983（昭和58）年に訪れた。それはVVVF制御の試験車として改造されたことである。

　パワーエレクトロニクスとマイコン制御技術の進歩に伴い、半導体のスイッチング素子としての大容量GTO（ゲートターンオフ）サイリスタにより、VVVF（可変電圧・可変周波数）インバータで誘導電動機を制御する方式に実用化のめどが立った。そこで、東急でも21世紀の理想的な通勤型電車をめざして、6202、6302、6002号に、それぞれ日立、東芝、東洋電機で試作したVVVFインバータと誘導電動機を取り付けて、構内走行や深夜の試運転を行うことになった。

　これらの車両の台車はいずれも新製されたが、6202号車の台車については、東急車輌試作の揺れ枕をなくしたボルスタレス台車TS-1003形を取り付けた。

　ひととおり試験が終了すると、大井町線において1984（昭和59）年7月から9月までの間、1500V区間としては日本初の営業運転に入った。

　そして、半導体という未知の世界の技術に対して、夏の暑い時期における実

6000系は1989（平成元）年まで東急で運転された。のちに8両が弘南鉄道へ、4両が日立製作所水戸工場に譲渡された　写真提供：東急電鉄

用テストによって評価が定まった。この試験車の実績をもとに9000系、7600系が登場すると6000系は全車廃車され、その数々の実験的な試みを終えた。

現在6000系は、弘南鉄道大鰐線に譲渡されたうち、6005編成は廃車となったが、6007編成が在籍している。

3　地下鉄道との相互直通運転の実現へ

1956（昭和31）年8月、運輸大臣の諮問機関である都市交通審議会の答申の中に、地下鉄道と郊外私鉄の相互直通運転というユニークなアイデアが出された。これによって、1957（昭和32）年6月には、2号線（営団日比谷線）は東武鉄道および東京急行電鉄との相互直通運転を行うことが決まったのである。

そこで、2号線は軌間1067mm、直流1500Vの架空電車線方式となり、使用する車両は従来の地下鉄車両とは異なった、パンタグラフ集電の大型車両とすることとなった。

その年の7月に直通車両規格統一分科会が設けられ、営団、東急、東武のほか、当時1号線の直通運転も計画されていたので、京急、京成、東京都でも直通運転についての検討を行った。

4　マッコウクジラ・営団3000系

日比谷線に使用する車両は、丸ノ内線300形の高性能車をさらに改良し、相互直通運転に使用するために、地上線と地下線のニーズを両立させ、車両の機能、性能について相互の運転に配慮をしたものとなった。

第9章　本格的なステンレスカー時代の到来

　1961（昭和36）年3月28日の南千住〜仲御徒町間開業に際しては、3000形2両編成8本の車両が1次車として製作された。また、2両一単位として路線の延長による乗客の増加に伴い、中間車の3500、4000、4500形が順次加えられるようになり、計画に従って8両固定編成化されて東武、東急両線と直通運転を行うようになった。

　車体はステンレス鋼板を外板に使用した。ステンレスでは従来の鋼板のように歪み取りができないため、歪みを目立たなくするための波形を付けた。これも世界的に有名なバッド社の方式は採用せず、清掃等の保守を考慮した営団独自のものとした。

　また、デザイン面で先頭車両の前面形状は丸みを持たせた仕上げとしたので、「マッコウクジラ」の愛称が付いた。従来、地下鉄では乗車距離が短いなどの理由で荷棚を一部しか設けなかったが、郊外線からの長時間乗車を考慮して、この車両から全面的に荷棚を設けることとなった。

　集電方式は地下鉄では初めての架空線式で、架空線にトンネル断面を極力小さくするため剛体架線が採用されたので、離線率を極力少なくするため、パンタグラフが架空線と接する集電舟に特殊なばねを挿入し、このばねによって小さな振動を吸収する構造とした。

　特筆すべきことは、我が国初のATC（自動列車制御装置）を搭載したことで、信号機は地上にあるWS（ウェイサイド）方式であるが、速度制御が可能で保安度が向上した。

　制御装置は主抵抗器1段制御に、さらに微小な抵抗を加えるバーニヤ制御と

中目黒駅で営団日比谷線と接続する。島式2面4線ホームの内側2線を日比谷線が、外側2線を東横線が使用。
2013年3月まで日比谷線と東横線菊名駅までは相互直通運転を行っていた　写真提供：東急電鉄

7000系は車体構体までステンレスとした、わが国初のオールステンレスカー。車体側面のコルゲートは窓下に限定された　写真提供：東急電鉄

して、力行、ブレーキ時とも、ショックの極めて少ない力行78段、ブレーキ67段の超多段式で、抵抗制御中のノッチオフ、ブレーキ弛めの際も、戻しステップにより電流の減流遮断を行うので、滑らかな停止制御ができる。

　台車は空気ばねが採用され、乗り心地が良く走行音も静かである。

　2015（平成27）年8月現在も、長野電鉄で活躍している。そして、長野電鉄で使用されていた3001・3002号車は、東京メトロがトップナンバー車の保存を希望したため、2007（平成19）年綾瀬車両基地に運ばれ、綾瀬工場でデビュー当時の姿に復元された。構内のみ自力走行も可能で、今はイベントでその姿を見ることができる。

5　バッド社ライセンスのステンレスカー7000系

　旧7000系（以下7000系と表記）は、1962（昭和37）年1月に東横線に4両編成で登場した、我が国初のオールステンレスカー（台枠の一部を除く）である。7000系以前のステンレス車両では、車体の外板だけがステンレス製のセミステンレスカーであったが、7000系からは車体の構体すべてをステンレスとしたオールステンレスとなった。これは東急車輛製造会社がアメリカのバッド社と技術提携し、ステンレス溶接技術を修得した記念すべき車両で、この技術は現在の最新車両にまで活かされている。

　オールステンレス車両は、車体の柱、床、屋根、外板等すべてが丈夫なステンレス鋼でできているため、腐蝕することがないので強度の劣化がなく、寿命は

末尾が偶数の7052号にはパンタグラフ、主幹制御器などが搭載された　写真提供：牛島裕康

末尾が奇数の7051号には電動発電機、空気圧縮機、バッテリー、高圧補助機器が搭載された　写真提供：牛島裕康

永久的であり、また外板の塗装が不要のため、保守費の大幅な削減ができるなど数々の利点を持っている。

　7000系は、営団地下鉄日比谷線との相互直通運転を前提に設計された18m3扉車で、先頭車デハ7000形、中間車デハ7100形の2形式からなっており、車体は乗り入れの関係で床面や屋根の高さを少し低くし、地下鉄内での車内騒音防止を考え、床面にはモーター点検用として車内から開けることのできるトラップドアは設けていない。

　車両番号の末尾が偶数の車に、パンタグラフや主制御器等の走行用モーターを制御する機器が装備され、末尾が奇数の車に、電動発電機や空気圧縮機、蓄電池等、架線の1500Vの電圧で作動する高圧補助機器が装備されている。車両はこの偶数・奇数2両を1ユニットとして走行できる構造である。

　モーターと主制御器のメーカーは、東洋電機製造と日立製作所の2社で、東洋車は60kWのモーター8台を永久直列接続し、日立車は70kWのモーター8台を4台ずつ直並列切換し制御する方式で、いずれも電力を架線へ返す回生ブレーキを常用していた。駆動装置には、中空軸平行カルダン方式を採用した。空気ブレーキは、従来の空気指令のほかに後部車両へ電磁弁のオン・オフの指令を送る電磁直通ブレーキHSC-R方式で、すべての車両のブレーキ作用を同時に行える。

　台車は同じくアメリカで開発された軽量タイプのパイオニア形で、P-Ⅲとも呼ばれているがTS-701と名付けられた。軽量化と構造の簡素化を図り、1自由度系の空気ばねの利点を最大限に活用し、車軸と台車枠間のばねをゴムとした。摺動部には耐摩耗性合成材料を使用し、各車軸端にディスクブレーキを設けて、ブレーキライニングの交換も作業効率がアップし、保守の省力化が図られたことによるメリットは大きいが、ばね下重量が重くなることが欠点で

6000系と7000系が並ぶと、7000系は角張って見える。前照灯の位置が運転台の上部か下部かで、ずいぶん印象が変わる

あった。

　車両側面の窓は、最初の3編成は上窓と下窓をツルベ式にステンレス帯で結んだ上窓下降、下窓上昇式であったが、後の車両はツルベ式をやめ、窓の開く寸法を規制した上窓下降、下窓上昇式となった。また、客室内天井には当初はファンを天井内に埋め込んだファンデリアが装備されていたが、後に扇風機に変更された。

　1962（昭和37）年から1966（昭和41）年までに、先頭車デハ7000形64両、中間車デハ7100形70両の合計134両が製造され、東横線、日比谷線、大井町線、田園都市線で活躍し、東横線では最長8両編成にまでなった。

　1964（昭和39）年の夏には、繁忙期の伊豆急行に貸し出され、伊東〜伊豆急

運転台はツーハンドルマスコンで、計器類はアナログ。急行運用でも活躍した　写真提供：牛島裕康

1964〜1966年の夏に、7000系は東急グループの伊豆急行に貸し出され、海水浴客でにぎわう伊豆急線を走った。写真は伊豆急下田駅に到着した試運転列車

下田間で営業運転を行っている。

6　7000系による営団乗り入れ運転の開始

　1964（昭和39）年8月からの日比谷線乗り入れに際し、乗り入れ車両には、日比谷線で使用する地上に信号機を有する自動列車制御装置（WS-ATC）と、車両と運輸指令所間の通信装置である誘導無線（IR）が取り付けられた。

　7000系の更新に際しては、技術の発達により前述のような交流電動機を制御できるVVVFインバータ方式が実用化された。東急では全面的に、この方式への転換を決定して、9000系と1000系を新造しつつ、1987（昭和62）年から7000系一部車両の室内更新、主制御装置のインバータ制御、交流モーター化、台車更新、冷房化を施工して7700系が登場した。

　そして、目蒲線は4両編成から3両編成化の計画に伴い、余剰の中間車2両を先頭車化改造を行い、東急初のシングルアーム式パンタグラフとIGBT-VVVFインバータを採用した7915編成が登場した。貫通扉を設けたため1000系に近いデザインとなり異色の存在だったが、2010（平成22）年に廃車になっている。

　さらに、日本初オールステンレスカーの7001号車だった7910編成も、登場時に近い状態に戻したクラシックスタイルでイベントを行い2014（平成26）年5月の運用を最後に廃車になるなど、7700系は徐々に減っているが、今も東急多摩川線と池上線で3両編成の力走は楽しめる。

　更新をしなかった7000系は、1988（昭和63）年9月から弘南鉄道を皮切りに、水間鉄道、北陸鉄道、福島交通に譲渡されている。現在も活躍しているものも多いが、秩父鉄道へ譲渡された車両は廃車になっている。

昭和40年代に入ると、ラッシュアワーの混雑は年々激しさを増していった。東急も編成両数を増加させたほか、施設の増強を図るなど対策を余儀なくされた　資料提供：東急電鉄

東急線に在籍していた原型のままの7000系は、2両編成でこどもの国線を走っていたが、2012（平成24）年にはデハ7052号車が日本機械学会から「機械遺産」として認定され、総合車両製作所（旧・東急車輛）の正門から続く道路に沿って、5200系の西側に静態保存されている。

7　玉川線に登場したコルゲーションつきの新造車デハ150形

　1964（昭和39）年に東急車輛で4両造られた150形は、玉川線の助っ人として歓迎された。近代的なデザインを採り入れた鉄道線車両に近いスタイル。正面2枚窓で上部に方向幕と標識灯が、窓下に前照灯と尾灯がセットになっている。側窓は1段下降式で車内は大変明るいうえ、外板塗装もグリーンの濃淡ツートンである。

　車体は耐硬性高抗張力鋼を使用し、側窓下部のいわゆる腰板はコルゲーション付きであった。そのため、一見するとステンレスカーに塗装をしたような外観となった。台車はTS-118形で当初は平軸受であったが、後日コロ軸受化された。また、更新時に腰板はステンレスに変えられ、連結部の運転台撤去、標識灯の撤去や前照灯のシールドビーム化などと変身を続けた。そして、世田谷線のホーム嵩上げ工事に伴い、2001（平成13）年2月に引退している。

1964年に登場した玉川線デハ150形は、近代的な装いで人気を博した。世田谷線がデハ300形に統一されて引退した　写真提供：牛島裕康

10 五島慶太氏の描いた多摩田園都市構想が実現へ

田園都市線の開業と相次ぐ新型車両の投入

試運転を行っている2両編成の7000系が田園都市線を走る。青葉台周辺の景色は、のちに終日10両編成が運行され、朝ラッシュの激しさが有名になるほど発展するとは思えないほどのんびりしている　写真提供：東急電鉄

1　田園都市線のルート

　東京の西南部、多摩丘陵の一部で、川崎、横浜、町田、大和の4市にまたがる都心から15～35kmの距離に、東急が開発した多摩田園都市がある。その開発総面積は5000ヘクタールにも及び、民間事業としては我が国最大規模のニュータウンといえる。この地域は東横線と小田急線の間にあって、かつては「陸の孤島」ともいわれていたところで、江戸時代に賑わった大山街道に、わずかにバスのルートがあるだけであった。

　多摩田園都市とは、田園都市線の梶が谷から中央林間に至る沿線地域を称し、その長さが20kmに及ぶ帯状の街の中央を曲がりくねりながら、踏切が一切ないルートを田園都市線が走っている。最初は居住者も5万人程度であったが、2015（平成27）年現在では約60万人を超えるほどの発展ぶりを見せている。2025（平成35）年まで人口が増加し続け、以後生産年齢人口は僅かに減

都心へのアクセスと一体に計画された田園都市線は民間企業が手がけた日本最大規模の住宅開発だ　写真提供：東急電鉄

現在は戸建て住宅やマンション、ビルが建ち並ぶたまプラーザ駅周辺も、開発前はこのように野原が広がっていた　写真提供：東急電鉄

少すると予想されている。

2　田園都市線全線開通

　溝の口が終点だった田園都市線延長の決定に伴い、二子玉川園（現・二子玉川）～二子新地前（現・二子新地）間にある二子橋は、道路併用橋梁から鉄道専用橋梁とすることとなった。二子玉川園と二子新地前の両駅が高架となり、1966（昭和41）年3月18日に新二子橋が竣工し、楽々と多摩川を渡ることができるようになった。それまでは道路の中央を単線で行き来していたのである。

　1966年4月1日、溝の口から長津田までが開通した。当時は、開発途上の造成地の間をぬって鷺沼までは4両編成、鷺沼以遠は切り離した2両編成の電車が走った。しかし、順次路線が延長され、車庫も鷺沼から長津田に移転して、現在の終点である中央林間までが全通したのは、1984（昭和59）年4月9日であった。

田園都市線の溝の口～長津田間の開業1周年を記念して発行された記念乗車券　資料提供：東急電鉄

ダイヤモンドカットと呼ばれる前面の7200系が登場当時話題となった

　また、現在田園都市線の10両編成は全て渋谷を経由し都心へ直通しているが、新玉川線（現・田園都市線）の渋谷〜二子玉川園間開通までは大井町が始発駅であったため、大井町線の大井町〜二子玉川園間は、1963（昭和38）年10月11日に田園都市線と改称された。しかし、新玉川線の開通により、1979（昭和54）年8月12日には再び大井町線と改称されて現在に至っている。なお、大井町線用の車両は鷺沼と梶が谷に留置している。

3　ダイヤモンドカットの7200系デビュー

　1967（昭和42）年3月には7200系が誕生した。この車両は、日比谷線直通運転を前提に設計した7000系の全電動車方式に対して支線用に開発した車両で、経済性の面からMT編成を基本とし、制御電動車デハ7200形、制御車クハ7500形の2形式が生まれた。正面デザインは「く」の字状となっていて、貫通路を含めて五面体のダイヤモンドカットといわれる、当時としては斬新なデザインであった。

　車体は、同年12月に2両試作されたアルミ車を除き、オールステンレス製で、池上線にも使用できるように、車体の最大幅は2744mmとなっている。また、側窓は大きな1枚ガラスのバランサー付き下降式窓となり、開閉がスムーズで室内も明るくなり好評を得た。以来、新造車はこの方式の窓を採用している。

　制御方式は、ほぼ7000系と同様であるがユニット方式でなく、パンタグラフ、主制御装置、空気圧縮機、電動発電機等の主要機器一式をすべて制御電動車に搭載しているので、単車で走行することが可能であることから、1M方式とも

呼ばれている。

　主電動機は110kWに増強され、2個永久直列として4個を直並列制御し、電気機器は日立製作所、東洋電機製造の両社があり、日立車が7200番台、東洋車が7250番台と車号で見分けることができるようにした。ブレーキは電空併用の電磁直通方式であるが、自動ブレーキは非常ブレーキにのみ作動する方式に変わった。台車は制御車が7000形で採用されたP-Ⅲ形で、ディスクブレーキ付き。電動車はペデスタルタイプと呼ばれる軸箱支持方式の空気ばね台車で、片押し式のトレッドブレーキとなった。

　また、7000系までは空気ばねが3段式だったが、1段ベローズ式空気ばねとなった。駆動装置は7000系同様、中空軸平行カルダン方式である。

4　7200系の運用

　7200系は、1969（昭和44）年2月には、増備車として中間電動車デハ7300形と7400形が製造され、3M1Tの4両編成という強力なものとなった。両形式ともパンタグラフ、主制御器、主電動機を備えているものの、電動発電機、空気圧縮機等の補機を備えた7400形、補機のない7300形と若干の違いがあった。

　田園都市線用として生まれ、大井町〜長津田間で使用されてきたが、鷺沼で2両＋2両に分割され、鷺沼以遠は2両で走っていた7200系も、この増備により、同年3月には3M1T＋1M1Tの6両編成となって東横線に配属された。

　1972（昭和47）年には、冷房装置付きの2M1T3両が新造されて、目蒲線に投入され、1M方式の利点が活用されている。このようにして、1972年までに、7200形23両、7300形3両、7400形4両、7500形23両の合計53両が製造された。

　1980（昭和55）年には、補機のない電動車として生まれた7300形にも補機を取り付ける工事が行われ、3両編成となり、1981（昭和56）年以降に目蒲線や、池上線へと籍を移した。

　また、8両が金沢八景の東急車輌に回送されて冷房装置取り付けの大改造が行われ、1984（昭和59）年から1987（昭和62）年にかけて、アルミ車2両を除く残りの車両にも冷房装置が取り付けられ快適になった。

　クハ7500形はインバータ制御車の改造を行い、7600系として2M1Tの3編成が1986（昭和61）年に登場した。さらに1993（平成5）年には、上田交通

第10章　田園都市線の開業と 相次ぐ新型車両の投入

側面から見た7200系。「く」の字形に突き出た前頭部の形状がよくわかる。写真の7200号は試験的にアルミ車体で製造された　写真提供：牛島裕康

長津田車両工場のイベントで展示されたデハ7200形。アルミ車体のため塗装されている　写真提供：古屋香織

(現・上田電鉄)にMT編成5本10両が譲渡された。

　2000 (平成12) 年8月に、ワンマン運転に未対応だった7200系は営業運転終了となり、豊橋鉄道に30両が譲渡された。東横車輌 (現・東急テクノシステム) にて両運転台化を行った2両は、2002 (平成14) 年に十和田観光電鉄に譲渡されたが、2012 (平成24) 年4月に同線の廃止により、2015 (平成27) 年2月からは大井川鐵道に活躍の場を移している。

　一方、デハ7200＋クハ7500号の2両は、試験的にアルミ車体で製造された車両であるが、こどもの国線を走った時代も過去のものとなり、7500号は電動車化されてデヤ7290号となった。そして、両運転台化されたうえ、CS-ATCを取り付け、二代目の架線検測車に変身し、赤・青・黄で塗色されて、長津田車両工場への定期入場や新車搬入の動力車として、長津田検車区に所属していた。2012 (平成24) 年2月には「さよなら運転」が行われ、引退後には長津田車両工場での電車まつりで展示されたが、その後解体された。

　そして、2015年2月に7600系の引退イベントを行い、東急線に最後まで残った「ダイヤモンドカット」車も引退後に解体された。

5　玉川線の廃止とこどもの国線の開業

　1969 (昭和44) 年5月11日、渋谷〜二子玉川園 (現・二子玉川) 間を結んでいた玉川線と二子玉川園〜砧間の砧線が廃止された。両線の廃止3日前からは、花電車が運転され、別れを惜しんだ。

　国道246号線上を走る路面電車の玉電は、増え続ける自動車に進路をふさがれ、10kmに満たない区間を30分から40分もかけて走るようになってしまった。その昔には「じゃり電」と呼ばれていた玉電も、一般の自動車からは

国道246号を行く玉川線の電車。「じゃま電」と呼ばれたのがよくわかる光景だ。玉川線は1969年に現・世田谷線を残し廃止された　写真提供：牛島裕康

朝ラッシュの玉川線は混雑も激しく、路面電車の定員数ではさばききれないほどになっていた　写真提供：牛島裕康

渋谷を拠点に走り続けた玉川線の最終運行日の様子。廃止後は代替バスが運行された　写真提供：東急電鉄

用賀駅には地元自治会、商店会が別れを惜しむ看板を製作し、掲出した　写真提供：牛島裕康

「じゃま電」といわれ、また利用客からは「のろ電」と呼ばれるようになっていた。それは、自動車の軌道敷内への走行を防ぎきれなかった失敗によるもので、玉電の車両たちにとっては大変迷惑なことであったろう。

　その後、再開発により営団（現・東京メトロ）、京王帝都（現・京王電鉄）、東急3社共同事業としてオフィスとホテルの2棟のビルを建設し、2000（平成12）年4月に開業した。そして、5階には高速バスターミナルが設けられ、道玄坂へと続く道は、玉電が走っていた線形の面影を今でも感じ取ることができる。

　一方、こどもの国線は、東京急行電鉄がこどもの国協会から委託を受けて、1967（昭和42）年4月28日に、長津田～こどもの国間を単線で開通させた。

　開通時には、専用車両としてデハ3405号とクハ3866号が白・赤・オレンジのカラフルな装いで、単行もしくは2両連結で運転されていた。その後、車庫での切り離しの都合が良いように、クハ3662号に代わったが1975（昭和50）年に廃車となり、その後、デハ3608号とクハ3772号が同じように塗装をされて専用車両となった。

　3代目は、7200系のオールアルミの試作車デハ7200＋クハ7500号で、腐蝕防止のために、グレーの塗装にグリーンの帯と、こどもの国のマークでお化粧

第10章　田園都市線の開業と 相次ぐ新型車両の投入

田園都市線長津田駅から分岐するこどもの国線。田園都市線からの直通列車も設定された　写真提供：牛島裕康

横浜高速鉄道のY000系。東急3000系をベースに製造され、通勤線化されたこどもの国線に投入された　写真提供：古屋香織

をして走行したが、後に、4代目でステンレスカーのデハ7052＋7057号に代わった。

　1997年8月に、こどもの国協会は第三種鉄道事業を横浜高速鉄道に譲渡、通勤線化工事が同年10月から開始された。1997（平成9）年には、3000系を基本にした20m車で3ドア、Y000系がMT編成で3本デビューした。

　2000（平成12）年3月29日に通勤線化が行われ、列車交換ができる恩田駅が開業し、10分間隔での運転が可能になった。また、多客時には4両編成での運用も見られる。

6　初の20メートル車8000系のデビュー

　電車は、その車体の長さで大きさを表現する。東急には18m車と20m車があり、前者を在来型、後者を大型車と呼んでいる。実際の車体の長さは、それぞれ17.5mと19.5mで、連結器部分が両端に250mmずつあり、連結器先端で示す車両長としては18m、20mとなる。

　8000系は、1969（昭和44）年11月、将来の新玉川線用（現・渋谷〜二子玉川間）として配慮しつつ東横線に登場した20mの大型車、4ドアのオールステンレスカーで、地下鉄用のA-A基準による不燃化構造車両として、1987（昭和62）年3月までに187両が製造され、東横線、田園都市線、大井町線で運用された。

　当初は3M2Tの5両編成で、車両形式は先頭車がクハ8000形、中間電動車のパンタグラフ・主制御器付きデハ8100形と補機付き8200形のユニット方式で、5両編成の場合ユニットとならない8100形は、4個モーター制御で、直列制御のみ行うことができるシステムである。

　また、4個モーター専用のデハ8400形も1982（昭和57）年に登場した。こ

完全切妻構造となった目的の一つには、客室スペースを減少させないためでもあった　写真提供：東急電鉄

れは後に触れる軽量ステンレス試作車8400形とは別に、後からデビューした車両である。

　台車は、電動車、制御車とも7200系とほぼ同一のTS形とP-Ⅲ形で、制御器は、界磁チョッパ方式を、世界で初めて量産した。これは力行・惰行・回生ブレーキともに、複巻モーターの他励界磁電流を半導体のサイリスタでチョッパ制御する方式である。この方式は高速からの回生ブレーキには有利で、時速20km程度まで回生ブレーキが有効に作用する。

　補助電源装置は、同じくサイリスタによる静止形インバータ（SIV）を採用し、ブレーキは全電気指令方式とし、運転台は我が国初のワンハンドルマスコンを採用、力行・ブレーキ操作をT形のハンドルで一体化している。

　これは、電気指令ブレーキが開発されたことにより、空気管を運転台に立ち上げる必要が一切なくなったので実現しえたもので、運転操作が容易となり、安全運転確保に有効である。これらの方式は、その後全国の鉄道に普及した。

　冷房装置は、8019編成が最初に装備し、1971（昭和46）年夏に初めて運転した。すべて分散方式で、8000kcal 4台を屋根上に取り付け、扇風機併用のシステムである。

第 10 章　田園都市線の開業と 相次ぐ新型車両の投入

1972年に大雨によって冠水することが多かった菊名駅を、国鉄とともに嵩上げする工事が行われ、同時に折り返し線が設けられた　写真提供：牛島裕康

7　8000系の運用

　デビュー時、5両編成でスタートし、1973（昭和48）年まではすべて東横線に投入された8000系も、1974（昭和49）年3月に初めて田園都市線に姿を見せることとなった。同線は4両編成であったので2M2Tとなることから、編成中のパンタグラフが1台の場合では、パンタグラフ摺板であるカーボンスライダの集電容量の不足と、離線の際、チョッパ装置ならびにSIVのサイリスタが転流失敗をおこす心配があったので、パンタ2台を備えた8100形が誕生した。

　この時投入された5両編成はすべて冷房車で、8100形が2両になったことで、パンタグラフは1台に変更された。そして20m車の初投入によりホームの長さが不足する戸越公園駅では、ホームのない部分にかかった車両のドアが開かないように4両編成では大井町寄りの1両の戸閉非扱いを実施し、その後さらに5両編成となったので、九品仏駅は長津田寄り1両、戸越公園駅は2両が戸閉非扱いとなった。2013（平成25）年2月に戸越公園駅ホームが延伸され、非扱いは解消されている。

　東横線では、1974年4月より5両編成から4M2Tの6両編成となり、代官山駅で横浜寄り車両1両の戸閉非扱いを開始。1980（昭和55）年6月よ

登場当時は、車掌台側の前面窓に種別サボが掲出されていたが、後に行先表示器と一体化された。写真は珍しい急行日吉行き　写真提供：髙橋茂仁

り7両編成となり、代官山駅は2両非扱いに、さらに1982（昭和57）年2月より6M2Tの8両編成に増強され、菊名駅で渋谷寄り車両1両の非扱いを開始した。

その後、代官山駅が1986（昭和61）年4月、菊名駅が1993（平成5）年4月、いずれもホーム延伸工事が完了し、非扱いは解消された。

― 特別対談 ―
8000系 デビュー秘話（宮田道一氏×樋口周雄氏）

宮田道一──8000系が登場したのは、1969（昭和44）年ですが、そのとき、樋口さんが車両部長をされていましたね。

樋口周雄──ええ。車両を20mにしたいと言い出したのは私なんです。それまでの車両は18mで、20m車にすると台車と台車の間の距離が長くなるわけです。そうすると、カーブに来るとレールの上から車体が大幅にはみ出してしまうわけなんですよ。それで、どれだけ問題が起こるかと、だいぶ心配はしたんです。そこで、工務部に相談をしたところ、「20mにするのは悪いことじゃないんだから、できるだけ協力をしましょう」と言ってくれたので、それで始めることができたんです。まず始めに、どれだけカーブで車体がはみ出るのかを測ってもらいました。東横線でいちばんカーブがきついのは、代官山から渋谷に向かう途中の国鉄山手線の上にかかった鉄橋から川沿いに進むまでのカーブ、あそこがいちばんきついですよね。調査の結果、上下線が行き違うための間隔が十分に取れないといけないというんで、上りと下りのレールの間隔を20m車にあわせて、間隔をあけてもらったんです。それから、それぞれの駅のホームのカーブを削ったりもしました。

宮田──東横線は、カーブがあってホームがあるという駅が多くて、直線のホームなんてほとんどない。カーブの途中にホームがあるという具合ですね。

樋口──だから、18m車が通れても、20m車はひっかかってしまうということが結構ある。20m車にあわせてホームも削らなくてはならなくなる。それが非常に心配だったわけなんですが、工務部の方が快くやってくれるということで、「これで決まり」ということになった。本当は、日比谷線の乗り入れのときに、相手方の東武鉄道の方でも、20mにしないかという話もあったらしいんで

8000系の車内はオールロングシートで、荷棚は当初パイプ式だったが、後に金網に変更された　写真提供：東急電鉄

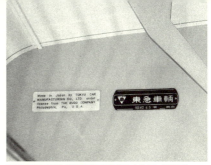
車両妻面に東急車輛製造の銘板とともに、米国バッド社のライセンスで製造された旨が記されていた　写真提供：牛島裕康

すね。それは、私がまだ車両部に在籍していない、だいぶ前のことだったらしいんですが。

宮田——昭和30年代の話ですね。

樋口——「うちは18m車一本でいく」と、その当時は意見が固まっていたようです。20m車など、とても考えられなかった。そして、それ以来ずっとそのままの状態だったんです。東武とか西武とかは20m車にして、どんどん輸送力も増加しているのに、どうしてうちは18mにこだわっているのかなと思って。カーブでの車体はみ出しの問題だけだったのですがね。

宮田——20m車の方が、たくさん乗れますからね。

樋口——20m車にすれば、結局少ない両数ですむわけで、エネルギーの消費も少なくてすむのです。

運転台の定番ワンハンドル誕生

宮田——8000系の設計に際して、樋口さんが誕生させたワンハンドルは、今では、もう当たり前となってしまいましたね。今の運転士さんは、2本のレバーとハンドルでブレーキと力行を別々に操作するなんて考えられないというくらいなんですよ。

樋口——昔から運転士さんは、2本の手で別々にブレーキと力行の制御をして、ブレーキは右手でレバーを操作し、マスターコントローラー（以下省略してマスコンという）のハンドルは左手で操作していたわけです。マスコンのハンドルは、運転士が失神したりしたとき、そのまま走り続けたりしないように、デッドマンデバイスという、手を離すとすぐに電気が切れて非常ブレーキがかかるようになっています。ですから運転士さんは、走行中絶対に左手はレバーから離せないことになっています。それまでブレーキ操作は、空気切り替え

弁を直接レバーで回して切り替えていたのですが、技術が進歩したお陰で、ブレーキレバーでも電気のスイッチを操作して、電気指令で空気弁の切り替えができるようになってきていたので、レバーを一つにしてブレーキの指令と力行の指令をこなすことができるようになったのです。マスコンで力行の指令を出すときには、ブレーキをかける必要はありませんから、例えばレバーを手前に引けば力行となり、ブレーキのときはレバーを前方に倒すというように、一本でこなすことができます。また、デッドマンスイッチは左右どちらの手でも使えるように、握り手をT字形にして、両側に握りを付けておけば良いというアイデアが出たわけです。このお陰で運転士さんの両腕は、ずっと楽になったはずです。あの形は、今でも変わっていませんか？

宮田──ええ、変わっていません。全国的に変わらず、真似する会社がどんどん増えましたね。

> **ワンハンドルの制作秘話**

宮田──今では当たり前となってしまった、前に押すとブレーキ、手前に引くと加速という、ワンハンドルの操作方法のことですが、これはどのようにして決められたんでしょうか。

樋口──操作方法を決定するにあたっては、他の機種のハンドル操作を比較してみたりしました。蒸気機関車はハンドルを手前に引くと速度が段々に上がっていく。でもブレーキのハンドルは別なんです。それから前に押すと力が出るというのが飛行機にあったんです。海軍の飛行機は、把手を前に押すと力が出るというようになっていました。それから、自動車では足でブレーキを前に押すように踏むとブレーキが強くなり、また、アクセルペダルも前に踏み込む程加速するということで、どれを見てもあまり決め手にはなりませんでした。そこで思いついたのが、体の自然な動きを利用しようということでした。電車が発車する時には、乗客は皆後ろに倒れるでしょう。運転士さんも同じで、体が後ろに倒れる。それが慣性の法則と呼ばれる自然の動きです。この法則に従って、スピードを出すときには自然に引っ張っていき、逆にブレーキをかけるときには、体を前のめりにして自然に押していこう。そんな風に考えてハンドル操作の前後方向を決めたんですよ。

宮田──実際、運転士さんたちにとっても体に無理がないので、とても楽になったみたいですね。

1972年にこどもの国線に隣接して長津田車両工場が設立された。車両のメンテナンスを実施している　写真提供：東急電鉄

車両工場では車体と台車に分離し、それぞれの職場に搬入後、整備を実施。終了すれば再び台車に車体を乗せる　写真提供：東急電鉄

8　長津田車両工場の開設

　こどもの国線恩田駅と隣接している長津田車両工場は、1972（昭和47）年10月、東急電鉄の全車両の定期検査を行うため開設された。それ以前は元住吉工場であった。

　我が国の鉄道車両は、「鉄道に関する技術上の基準を定める省令」の第87条から91条「施設及び車両の保全」によって、検査と整備を行うことが定められている。東急電鉄の車両も省令に従い、検査内容と検査周期の実施基準を作成して国に届けている。

　全般検査は、車両の主要部分を取り外して行う検査で、8年に1回実施することとされている。重要部検査は、車両の重要な装置の主要部分について行う検査で、4年または60万kmを超す前に実施している。

　これらの検査のため入場する車両は、それぞれの所属線区から回送されてくる。ところが、池上線と東急多摩川線の1000系と7700系の車両はATC装置を搭載していないので、雪が谷検車区から長津田車両工場までは、車上側がATC区間に対応している総合検測車「TOQ i」デヤ7500形とデヤ7550形をそれぞれ前後に連結し、2両が受信したATC信号に従って走行する。検査出場時に田園都市線で行う試運転と、その後の雪が谷検車区への回送の時も同様である。

　そして、東急線の安全に対する取り組みへの理解を深めることを目的に、2013（平成25）年9月から「東急電車まつりin長津田」を開催。車体吊り上げの実演やTOQ iの車内見学、東急テクノシステムでの車両改造を間近で見ることができる。グッズ販売所の人気も高く、毎年楽しいイベントになっている。

11 田園都市線沿線の開発の本格化による輸送力増強

CS-ATCを採用した8500系の登場と新玉川線の開業

1 8500系の登場とローレル賞受賞

　8500系は、東急初の地下鉄道新玉川線用として1975（昭和50）年2月、田園都市線に4両編成で登場した車両で、1976（昭和51）年には、鉄道友の会から技術・性能・デザイン等が特に優れた車両に贈られるローレル賞を受賞している。

　同年夏に、ローレル賞の受賞祝賀列車が、東横線の渋谷から田園調布へ、そして目蒲線に移り大岡山へ、さらに田園都市線の二子玉川園（現・二子玉川）へと走った。新玉川線がまだ開通していなかった時代に、渋谷から二子玉川園までの直通列車は珍しく、招待客からはとても喜ばれた。

　車両の構造は、基本的に8000系と同じ20m車のオールステンレス車体・4扉の通勤電車で、営団（現・東京メトロ）半蔵門線との相互直通運転を前提として設計された。乗り入れ協定の勾配押し上げ条件を満たすため、8000系とは異なり、電動車比率が高くなるよう先頭車が上り下りとも電動車で、10両編成では8M2Tとなる。

　当初より1両当たり4台の冷房装置付きで、その冷房装置や車内の蛍光灯な

8500系は1976年に鉄道友の会「ローレル賞」を受賞した。これを記念して新玉川線・田園都市線、営団地下鉄（現・東京メトロ）半蔵門線関連の記念ヘッドマークを掲出した車両を並べた

8500系は高運転台になり、窓は小さくなった。また、種別・行先表示器は当初幕式だったが、のちにLED式に改良された

8500系の運転台に設置された機器類。中央のダイヤル式のつまみは、左が種別、右が行先表示機の幕を操作するもの　写真提供：東急電鉄

どへ電気を送る電源装置は、先頭から各々3両目の付随車サハ8900形に5両分を賄える電動発電機、もしくは大型の静止形インバータを搭載しており、初めから長大編成を意識した設計となっている。

　新玉川線では線路脇に信号機を置かず、レールに流した信号電流を電車の床下アンテナで受け、運転台の速度計に表示する車内信号方式のATC（自動列車制御装置）を採用した。受けた信号を判別したり、ブレーキの指令を出す装置を運転台と客室の仕切り部に置いたので、客室との仕切りが壁となり、仕切り扉のガラスを通してしか前方が見えなかった。

　車体は切妻と呼ばれる食パンのようなスタイルであるが、運転台正面の窓の上には列車種別と運行番号の表示器が付き、中央の行先表示器も大型のものになったことに加え、窓下に入れた幅広の赤帯の中央に車両番号を表示したデザインは、シンプルな中にもアクセントを持った新しい東急の顔となった。

　1976年3月からは5両化が始まり、1977（昭和52）年4月の新玉川線開通時点では、一時的に東横線の8000系の一部を改造し、中間にはさみ5両または6両編成として運転された。1979（昭和54）年には8両化、1983（昭和58）年には10両化が開始されて、1991（平成3）年には最後まで東横線で運用していた8両編成の8500系も10両化が終了し、現在の姿が完成した。その中には共通予備車という考えから、分割すると大井町線でも運転できるようにと、5両目・6両目を運転台付き車両とした2編成が運転されていたが、共通予備車扱いは終了。8638〜8641編成は5両で大井町線にて運用されている。

2　長年にわたって活躍を続ける8500系

　1975年の製造開始から17年をかけて増備を続け、10両編成40本合計400

8両編成の8500系が半蔵門線永田町駅へ向かって田園都市線を走る。半蔵門線は1979年9月から1982年12月まで渋谷〜永田町間で折り返した

両の陣容になるまでには、数々の改良変更が行われてきた。

　1979（昭和54）年製の10次車から、溶接構造だった台車枠をプレス構造に変更し軽量化と信頼度を向上させ、またクーラーを低騒音型とし、環境にも配慮した。

　1982（昭和57）年の13次車から車体を軽量化し、制御器のステップを24段から28段に変更して加速時のショックを軽減、走行音を小さく抑える効果が高い波打ち車輪を採用した。

　1983（昭和58）年の15次車から、ドア開閉やブレーキをかけるために必要な圧縮空気から、凍結や腐食の原因となる水分を取り除く除湿装置の新設や、サハ8900形を踏面ブレーキからディスクブレーキにすることで、ブレーキ性能の信頼度をさらに向上させた。

　1986（昭和61）年の18次車からは、新形式車9000系に準じて扇風機をやめて軸流型ファンに、クーラーを8000kcalから1万kcalに変更。座席をオレンジとブラウンのツートンカラーとし、着席数を明確にする3人掛け・4人掛けの中仕切りを取り付け、座席定員が守られるよう居住性およびサービスの向上に配慮した。

　この年、デハ8700形と8800形は、両数がそれぞれ100両を超え、車号がはみ出すので、100番以降は各々0700、0800と付番することとした。例えば8700形の101番は0701となる。

　1989（平成元）年には交流モーターとインバータ装置を使用するVVVF制御車に改造したデハ8799、0802号を組み込み、従来車との混結運転の試験を

1982年8月4日、映画「わが青春のアルカディア」公開記念イベントの一環として、8500系に海賊旗を装飾した列車に8500系が充当された

8000系に続いてワンハンドルマスコンを採用した8500系の運転台。ATCにも対応している　写真提供：河野美斗

開始した。1991（平成3）年には、この成果を踏まえた最終増備車デハ0718、0818号車を製作し、400両全数が揃うこととなった。

3　電気検測車に変身した3000形

　1977（昭和52）年2月には架線の検測車として、デハ3551号を改造によるデヤ3000形がデビューした。パンタグラフ2台のこの車両は、両運転台とするために連結側に運転室を新設したが、平妻非貫通型となっており、上り側とはまったく異なる外観となった。

　車体中央部は、電車線の動的状態、および電車線のパンタグラフ集電状態の監視を容易にするため、平屋根構造とし、凸形のドームを取り付けて、その前後はミガキガラス、ウィンドワイパー付きの観測ドームを設けた。架線の高さと振れが検測され、ペン書きオシロという測定器に自動的に記録される。

　この車両が定期的に東急各線を走り、架線保守に万全を期すのである。当初は旧デハ3150形の台車、主電動機を使用していたが、後にデハ3450形の台車と主電動機を転用している。そして、田園都市線のATC化が進み、車上側にATC装置を搭載した電気検測車デヤ7200形が登場したことから、東急車輛に譲渡され、構内入換車として活躍したが、2010（平成22）年に解体された。

4　都心と多摩田園都市を直結する新玉川線の開通

　玉川線の生まれ変わりとして、玉川線廃止後8年の歳月を経た1977年4月7日、新玉川線は二子玉川園（現・二子玉川）から地下に入り、渋谷まで9.4kmという民間鉄道としては最長の地下鉄線として開業した。

　6両編成で渋谷～二子玉川園間の折り返し運転を行い、渋谷まで初めてCS-

ATCと呼ばれるキャブシグナル方式ATCを使用することになった。これは、信号情報が運転台の速度計の周囲に速度で表示されるもので、運転はその指示速度内で走行することになる。

　工事に際しては、日本鉄道建設公団が担当する民間鉄道向け工事の第一号としても記録的なことであった。

　1977（昭和52）年11月16日から、長津田〜渋谷間には直通快速の運転が開始された。さらに、半蔵門線を含む3線の完全直通運転は、1979（昭和54）年8月12日より実施され、当初は6両編成運転であったが、郊外住宅地と都心をダイレクトに結ぶ路線として好評で、乗客の増加も著しく、1982（昭和57）年11月10日からは全列車が8両編成となった。

　また、1983（昭和58）年1月22日のダイヤ改正により、10両編成列車が東急としては初めて運転を行い、急行列車の運行も開始された。さらに、1984（昭和59）年4月9日には待望の中央林間まで全通し、小田急江ノ島線と接続したため、江の島の海に気軽に行けるようになった。

　新玉川線直通運転に備えて、1979年7月23日に最新鋭の設備を誇る車両基地、長津田検車区が開設された。検車区では、3ヵ月に一度の「月検査」、10日に一度の「列車検査」が実施される。このほか日々の営業運転前にはドアや空調、ブレーキなどに異常がないかの「出庫検査」、車庫に戻ってきたらすぐに「入庫検査」を行い、ガラスや座席などに異常がないかを点検している。また、車両の清掃や広告交換も行っている。

玉川線の代替として1977年に新玉川線渋谷〜二子玉川園（現・二子玉川）間が開業した。ほぼ玉川通り（国道246号）の地下に延びる

第 11 章　CS-ATC を採用した 8500 系の登場と新玉川線の開業

8500系は地下鉄道の新玉川線・営団半蔵門線対応が施された。近年では外国への譲渡も進んでいる

5　軽量ステンレス車両の試作車8400形

　鉄道車両は、省エネルギーの見地からも軽量化が望ましい。運転動力費が節減される直接効果があるばかりでなく、運転性能が向上することによってスピードアップが可能となる。また、MT比と呼ばれる編成中の電動車の比率が下げられることや、線路の保守費が減り走行音も減少するなど、多くのメリットがあげられる。

　そこで、オールステンレス車でさらに軽量化を図るため、東急車輛でコンピュータによる有限要素法を用いた立体解析、すなわち三次元構造解析の設計をすすめ、構体を試作して試験を行い、1978（昭和53）年12月に、従来より約2トンの軽量化を達成したデハ8400形2両が試作された。

　車体は平板構造として従来のような波形のコルゲーションをなくし、溶接のひずみを防ぐため、車体下部に3000Rの曲面を付け、窓は組み立てを容易にするためユニット式とした。これは、窓枠、外枠、落とし窓箱、カーテン溝金帯をユニットとして組み立てた後、車体に取り付ける構造である。

　その後、4個モーター制御のデハ8400形が生まれたので、1981（昭和56）年にデハ8281、8282号に改番した。さらに8090系の増備に伴い、1984年にデハ8254、8255号に再改番して東横線で運用され、コルゲーションの付いている8000系にはさまれた白っぽい車体は一目でわかった。

　この試作車の走行実績によって、以後軽量ステンレス車両が量産されることとなった。

8090系は8000系に準じているが、車体を軽量化し、回生ブレーキ付きの界磁チョッパ制御を採用した省エネルギー車両となった　写真提供：東急電鉄

6　軽量ステンレス車両の8090系

　車両の車体は前述のようになるべく軽いほうがよい。それは電力が節約され、騒音が減りレールに与える影響が小さくなるからである。東横線の18m車8両編成に代わる輸送力増強用大型車として、8000系車両の仕様を一部変更し、軽量ステンレス構造の8090系7両1編成を新造して、1980（昭和55）年12月に就役させた。

　この軽量ステンレス車両は、従来の8000系と機器はほとんど同一であるが、車体はぜい肉をなくし、極限に近い重量にまで軽減することで、一層の省エネ効果と、走行性能の向上を意図した車両である。

　設計に際して、新しく開発したコンピュータによる立体解析手法を駆使し、構体重量が従来のオールステンレス車より2t、機器の一部軽量化を含め編成車両で8％を軽減化し、1両当たりの平均自重を30t以下にすることができた。これにより回生ブレーキ付きチョッパ制御車として、運転電力量は30％の節減となり、さらに、スピードアップに対応できる性能が確保された。

　1978（昭和53）年に試作した8400形2両の2年間に及ぶ使用実績をふまえて設計製造した8090系軽量ステンレス車両は、省エネ時代にフィットした通勤電車である。

　車体は8400形と類似しているが、車体断面を屋根方向に1.75度傾けて車体下部に1500Rの曲面を持たせたうえ、床面から床下方向に7.93度傾けた下ぶくれの形状とした。また、正面は非貫通3面折妻式とし、運転室は前面窓を極力大きくして、前方の見透しの向上を図っている。外板は、側、妻ともコルゲー

第 11 章　CS-ATC を採用した 8500 系の登場と新玉川線の開業

東横線の8両編成から5両編成化を行ない、大井町線へ転籍した　写真提供：古屋香織

正面にお別れヘッドマークを掲出し、大井町線から引退した8090系　写真提供：高橋茂仁

ションをなくした平板構造となった。そして吹寄と妻外板は、ステンレスの表面を梨の表面のようなダルフィニッシュ仕上げにして、ステンレスの輝きを柔らげている。車体正面には1本、側面に2本の赤色の識別帯を貼り、ステンレス車のイメージを一新した。

ドアの構造は、蜂の巣構造のアルミハニカムを挟んで軽量化を図り、3mmの半強化ガラスを張り合わせてドア内側の面を平らにし、ドア開閉時、戸袋部に指を挟まれるのを防止する構造としている。

台車は8500系同様、プレス鋼板溶接構造の軸ばね式空気ばね台車とし、一体圧延波打車輪を採用して軽量化を図った。粘着性能向上のため、電動車には、空転・滑走防止用増粘着装置を各車輪踏面に取り付け、常時押し付ける方式とした。さらに主電動機は各部品寸法を縮小して、一台当たり65kgの小型軽量化を図っている。

静止形インバータは、GTOサイリスタを使用した冷房用の補助電源装置で自然冷却方式とし、GTOの採用により転流回路が省略されるので、省エネ化、小型軽量化、低騒音化が図られた。

7　東横線の急行運転用としての8590系

1982（昭和57）年の増備車から5M3Tの8両編成となり、最終的には8両編成10本が東横線の急行で活躍した。そして、「みなとみらい21線」相互直通運転時の地下線化に伴い、正面に貫通口を設けることとなり、スピードアップに対応するため6M2T化することとした。

1988（昭和63）年から、東横線の8090系10本を3M2Tの5両編成に編成替えをして、大井町線へ転籍させ、正面貫通扉付きの先頭車デハ8590形、8690形を新製して、残った車両を中間に組み込み6M2Tの8両編成5本が東横線で

昭和50年代の自由ヶ丘駅地上ホーム。ホーム上に設置された灰皿や自動販売機のデザインに時代を感じる　写真提供：東急電鉄

活躍した。1997（平成9）年には8M2Tの10両編成で田園都市線に転籍を開始、2005（平成17）年からは大井町線への転籍で4M1Tの5両編成で活躍した。2010（平成22）年に秩父鉄道への譲渡が開始され、8090系は先頭車の電動車化工事を行い2M1Tの3両編成7本と、先頭車化工事を行った1M1Tの2両編成4本が活躍している。8590系は富山地方鉄道へ2013（平成25）年に譲渡され、2両編成2本が大井町線の帯色のまま活躍している。

　そして、2013（平成25）年5月、日本の鉄道車両の発展に大きな功績を残した8090系は大井町線から引退した。現在は田園都市線に8590系が2本在籍しており、力強い走りを体験してみてほしい。

8　営団地下鉄半蔵門線への乗り入れ開始

　戦後、玉川線の地下化として、銀座線を延伸して相互乗り入れすることが立案されていたが、銀座線の乗客増加は著しく、これ以上の拡張は無理という情勢により、渋谷から赤坂見附までを並行する11号線のルートが具体化し、新玉川線と相互直通運転をすることが決定した。東急では、1964（昭和39）年から東横線と営団（現・東京メトロ）日比谷線が相互直通運転を行っており、地下鉄道直通運転としては2本目にあたる。

　1978（昭和53）年8月に待望の11号線の渋谷〜青山一丁目間が開通し、公募により、路線名は「半蔵門線」と決定した。さらに、1982（昭和57）年12月9日には半蔵門まで開通。その後、1989（平成元）年1月26日に三越前、1990（平成2）年11月28日に水天宮前、2003（平成15）年3月19日に押上までが開

新玉川線は渋谷駅から二子玉川園駅の手前までが地下区間で、玉川通りの旧街道に沿って建設された　写真提供：東急電鉄

新玉川線建設にさいしては、地下鉄道区間とともに、地上は首都高速3号線の工事も行われた　写真提供：東急電鉄

業し、半蔵門線は全線開業した。東京メトロと東武の車両は中央林間まで、完全な相互直通運転を行っている。

9　営団（現・東京メトロ）半蔵門線用車両として登場した8000系

　営団地下鉄半蔵門線が開通し、新玉川線との全列車直通運転が実現した時点では、営団車両は配置されておらず、東急8500系ですべて賄われていたが、半蔵門までの延長に際し、1981（昭和56）年4月1日から、営団8000系の投入が始まった。運転台正面は、前面を傾斜させたスピード感のある中にも丸みを持たせたスタイルで、側面へ続くパープルの帯がアクセントとなっている。この車両は、営団千代田線に投入され、今までの電車のイメージを大きく変えた6000系を発展させたスタイルである。

　新玉川線との相互直通運転用のため、運転士が扱う機器の統一が図られ、営団車両としては初めてT形ワンハンドルマスコンが採用された。

　8000系は千代田線用6000系、有楽町線用7000系で実績を積んだ制御方式の主回路チョッパ装置を使用している。空気ばねの機能を最大限に利用し軽量化を実現した、台車の揺れ枕をなくした我が国初のボルスタレス台車を採用した。車両長20m・片側4扉のアルミ合金製通勤電車で、直流モーターを使った電車としては省エネルギー効果が高く、10両編成中の電動車数が6両の6M4Tだった。またブレーキ装置は従来車両単位で設けられるが、台車ごとに設けられており応答性を高めている。

　東急8500系と同様、ダイヤ改正の都度東急の編成両数に歩調を合わせながら現在の姿が形作られてきたが、車両基地である鷺沼車庫の留置能力不足から7本が8両編成のまま残され、ラッシュピークの上りに運行されないよう配慮しながら、すべての編成が各駅停車のみに運用されてきた。

1991（平成3）年3月のダイヤ改正で、10両編成車が初めて急行・快速の運用に充てられるようになり、1992（平成4）年9月の改正からは、ラッシュ時間帯の上り鷺沼始発急行が8000系で設定された。1994（平成6）年5月には、8両編成の中間に入る新造車14両が長津田から搬入されて、8月末までにすべての編成が10両化された。

　これにより営団8000系は、10両編成19本合計190両が揃うことになった。このとき製作された中間車は、座席の一人当たりの寸法を、430mmから450mmに拡大して、ゆったり座れるように設計したことで、ドア間の寸法が120mm長くなった。その結果、車端の窓はドア間の窓より幅が狭く、開閉のできない固定窓となったが、今までの車両に比べ、すべての窓の上下寸法が145mm大きくなり、立っている人からの視界も良く、明るい車内は好評である。

　2004（平成16）年から更新工事が開始され、内装は化粧板交換、ドア上にLEDの車内案内表示器設置、後半の更新車は17インチの液晶ディスプレイを各ドア上部に2台設置。制御装置はAVF式チョッパ制御からIGBT-VVVFインバータに更新され、MT比は6M4Tから5M5Tになった。

　そして、2015（平成27）年3月から「さよなら！ 電機子チョッパ制御車」のヘッドマークを8110編成に掲げて運転されていたが、この編成も更新され、全てVVVFインバータ車になった。現在、半蔵門線の車両は8000系と08系が活躍している。

梶が谷駅ですれ違う東急8500系と営団8000系。営団8000系は車体に半蔵門線のラインカラーである紫の帯をあしらった　写真提供：牛島裕康

12 | 21世紀にふさわしい車両をめざして
日本の車両技術の基礎になった9000系の登場

地上駅時代の東横線横浜駅に到着する9000系。地下駅化は横浜高速鉄道みなとみらい線が開業した2004年2月1日から

1 インバータ電車9000系のデビュー

9000系は、「より良い居住性と乗心地」を追求し、さらに「運転操作を易しく、消費電力を少なく、検査を簡単に」を基本と考えて、従来の設計を全面的に見直した未来指向の通勤電車である。

8000系に次ぐ主力車両として、従来のオールステンレス回生車の方針を引き継ぎ、さらに最新技術を採り入れて1986（昭和61）年より製造を開始し、東横線は4M4Tの8両編成で14本、大井町線は3M2Tの5両編成1本で運転していたが、現在は全て5両化され大井町線に集中配置されている。

特長は、主電動機を従来の直流方式から交流方式に変更し、主電動機を制御する主制御装置には、架線の直流を三相交流に変えて、速度に応じて電圧と周波数を滑らかに変化させる、VVVF（可変電圧・可変周波数）インバータを採用したことである。

これによって、発車時とブレーキ時のショックを柔らげるジャーク制御方式

が可能となった。滑らかな運転ができるようになるとともに、電車が止まる寸前の時速5kmまで回生ブレーキが効くので、電力の節減が図れる。また、交流モーターにより、同じ大きさで大きな力が出せることと、直流モーターの泣き所であった整流子とブラシがないため検査が楽になった。

　インバータ装置は、大容量の半導体スイッチング素子であるGTOサイリスタを使用して、1台の装置で4台の交流モーターを動かし、インバータの頭脳にはマイコンが使用され、緻密な制御を可能としているが、万一、主制御器が故障したときには、運転台からの遠隔操作で開放する装置も取り付けている。

　モーターは1986（昭和61）年にデビューした東急のモーターという意味から、TKM-86形と名付けられ、電動車4両、制御・付随車4両の4M4T編成ながら、8000系の界磁チョッパ車6M2T編成に匹敵する性能を持っている。

　台車は揺れ枕をなくしたボルスタレス台車としたため、乗り心地の向上とともに、8000系よりも1両当たり約800kg軽くすることができた。

　ブレーキ装置は、VVVFインバータにより回生ブレーキ力が大きくできるので、回生ブレーキが効いている間はT車の分をM車が負担するようにした。

　従来からT車は、モーターがなく回生ブレーキは掛からないので、ブレーキ時は常時、車輪またはディスクを押しつける空気ブレーキが掛かっていたので、回生ブレーキの効果がより大きくなり、消費電力を節減することができた。

　車体は伝統の切妻、軽量オールステンレス構造とし、客室設備に大幅な改善を加えた。外板のステンレスは光の反射を抑え、まぶしくないダルフィニッシュと呼ばれる、つや消し仕上げとしている。また、東急のシンボルカラーとなっている赤色の帯を、正面に1本、側面に2本貼っている。側窓は、窓枠をなくしたサッシュレスのすっきりした1枚下降式で、ガラスは割れることが少ない5mm厚の安全ガラスを使用している。

　戸閉車側灯はドアが開くと赤色で点灯し、車掌と駅務員にドアの開閉を知らせるものであるが、その灯具は見やすいように、縦長の小判形レンズに変更され、点灯方式はLEDを使用している。

　天井は平板構造として、東急初のラインデリアを採用、室内色をベージュ系でまとめて明るく落ち着いた雰囲気になった。更新車は妻側と袖仕切りに木目調の化粧板や、一部編成にはマイナスイオンが出る化粧板も使われている。

　クーラーは1万kcalと1万2500kcalがあり、容量が大きいタイプはクーラーキセがステンレス製のため、ホームからでも違いがわかる。

第 12 章　日本の車両技術の基礎になった 9000 系の登場

9000系はVVVFインバータ制御を導入した新時代の車両だ。VVVFインバータ装置は8両編成の2・4・6・7号車、5両編成の中間3両に搭載されている

台車は初代6000系で試行し，良好な結果が得られたボルスタレス台車を履いている

2　乗客・乗務員・検修員の意見を多く取り入れて設計

　ドア間のロングシートは4人分と3人分とに分ける仕切りを入れ、さらに、その上にひじ掛けを設けている。これは評判が良く、その後に登場した1000系や2000系でも採用した。さらに、通勤電車では画期的な4人分のクロスシートを千鳥に配置し、お年寄りにゆっくり座っていただくために、各車両にクロスシートの優先席がある。これは最近の若い人は背も高く、限られたスペースでは足をもてあましてしまって座りにくくなるため、優先席としての効果が高くなることを狙ったものである。その後、他社でも通勤電車のシートの一部にクロスシートを設ける例が見られる。

　運転室は、乗務員が取り扱いやすいように設計され、運転台の視野を広くするために、正面貫通口を車掌台側へ寄せ、すきま風対策として扉を外開きとした。運転台に各種機器やメーターを取り付けているコンソール面は、ブラウン系に統一し、表示灯はLED化した。

　計器やスイッチ類の位置は、8500系等に合わせている。主幹制御器（マスコン）は8000系以来のワンハンドルで、内部のスイッチはハンドルの操作角度により光の信号を遮断し、電気を入切するロータリーエンコーダと呼ばれる方式で、機械的なスイッチ機構をなくしている。

　ワイパーは電動式で、乗用車と同じように高、低速度、間欠動作の調整ができるようになり、石鹸水を吹き出すウオッシャ機能も付いた。また、正面窓には、陽のまぶしさを遮る方法として、従来までの遮光板をやめ、ヨーロッパで広く使用されている、見通しの良い巻上げ式のスクリーンを採用して、乗務員の前方監視がより確実に行えるようにした。

　笛装置は従来からの空気笛のほかに、音の柔らかい電子ホーンを併せて取り付け、ペダルを軽く踏むと電子ホーンのみが鳴り、強く踏むと両方同時に鳴る

133

1986年に伊豆急行2100系「リゾート21」2次車が落成したさいに、新玉川線・池上線・世田谷線を除く東急線に、イベント列車として運行された。写真は東横線渋谷駅で8500系・9000系と並ぶ伊豆急2100系　写真提供：東急電鉄

方式とした。これによってホームのお客様には優しく、緊急時は大きな音で注意を知らせることができるようになった。

　明瞭な音声で案内する自動放送装置は、列車の走行した距離に応じて、女性の声で自動的に案内放送をしている。また、時速20km以上で非常ブレーキをかけた場合には、「急停車します。ご注意ください」の放送が自動的に流れる仕組みになっている。

　補助電源装置は、静止形インバータ（SIV）を引き続き使用している。SIVとは、架線の直流1500Vを三相交流440Vや交流200Vに変える装置であり、440Vに変換された電力はクーラーや電動空気圧縮機の電源に、200Vは室内灯や制御装置等の電源となっている。また、ドアやブレーキに使われる圧縮空気を作る電動空気圧縮機のモーターにも、主電動機と同じく交流モーターを使用して保守を容易にしている。

　このように随所に新技術を取り入れた9000系であるが、次の1000、2000系は、この技術をベースとしてさらに改良が加えられていくことになる。

3　9000系車両のシートの工夫

　通勤通学用の車両の座席は、現在のラッシュアワーの混雑に合わせて、ロングシートを採用せざるをえない。

　現在の標準的な通勤車両は20m車と呼ばれているもので、車体の長さは19.5m、側出入口は4ヵ所となっている。この場合のドア間のロングシートは7

人掛けとなる。ところが、着席する乗客の実態を調べてみると、1人少ない6人が掛けている場合が多い。

ロングシートに座る順序は、一般的にドア脇の端から座っていく。両端がふさがれると、今度は中間に座る。そして、次々とその隙間を埋める形で座っていくことになる。

まったくの他人同士が、ぴったりと密着して座ることはありえず、それぞれが少しずつ間をあけて座ることになるので、8人掛けには7人が、7人掛けには6人しか座ることができなくなってしまう。

そこで、同じロングシートでも3人掛けや4人掛けの場合の着席状況の調査結果が注目された。3人か4人用のロングシートには、常に定員どおりの人数が着席していたからである。

つまり、定員どおりの機能が果たせるロングシートは4人掛けまで、ということになる。そこで考え出されたのが、ロングシートの7人掛けの座席に区分を設けるという方法であった。

9000系車両のロングシートは、4人分と3人分に分けられ、側出入口間が7人掛け。車端部は3人掛けのロングシートと片側に4人分のクロスシートを千鳥に配置し、当初は一部にシルバーシートを設けていたが、現在は各車両にクロスシートの優先席を設けている。

7人掛けロングシートには間に仕切りを設け、表地の色を3人掛けはオレンジ、4人掛けはブラウンとして座席定員を守りやすく配色した。3人分と4人分とに分ける境目には仕切り板を入れているが、厚い板では一人当たりの寸法が減ってしまうので、強度を保つうえで必要最小限の厚さ

9000系の車端部はクロスシートになっている。扉間はロングシート、車端部はクロスシートの車両は、近年でも京急新1000系などで見られる　写真提供：東急電鉄

のパーティションとし、それをボルトで固定した。

　この結果高い評価を受け、その後の新造車には継続して採用した。なお、更新車は表地を赤系色に張り替え、仕切り板を撤去しスタンションポールを新設して、着席定員も守られるうえに立席客への利便性と安全性が向上した。

4　VVVFインバータ車7600系のデビュー

　東横線、田園都市線の輸送力増強とあわせて、目蒲線、池上線、大井町線の3000系車両の廃車を進めた結果、池上線は7200系に置き換えることとした。51両全車を組み替えて3両編成とすることになったが、そうなると電動車が不足し制御車が過剰となる。

　一方、1983（昭和58）年4月から日立、東洋電機、東芝の3社で行っていたVVVFインバータの実用化試験の見極めがついた。このことにより、1986（昭和61）年の新型車両9000系にインバータ制御を採用するとともに、池上線での3両編成化に際し、余剰となったクハ7500形6両を東急車輛に送って改造し、制御車の電動車化にVVVFを採用することとした。

　VVVF（可変電圧・可変周波数）インバータは、直流を交流に変え、電圧と周波数を変化させて誘導電動機を駆動するもので、モーターの整流子とブラシがなく保守が容易であり、主抵抗器が不要で高速から低速まで回生ブレーキが働くので、大幅な電力の節減が期待できる。それだけでなく加減速度が大変スムーズなため、乗り心地の改善がされ、運転操作も容易になる。

　車体、運転台機器、ブレーキ装置等は再用したが、VVVFインバータ制御による交流電動機駆動方式に変更し、台車は車体天秤梁部の構造がボルスタレス式を取り付けにくいので、8000系に準じたTS-831形を新製した。

　デハ7650形にVVVFインバータを取り付けるとともに、パンタグラフを2台取り付け、デハ7600形に補機の90kVA-SIVや電動空気圧縮機、蓄電池を設けて、上り向きに方向転換し、クハ7500形、またはデハ7200形と、3両編成にできるよう計画した。また、この改造時に合わせて冷房工事も施工された。

　7650形の制御装置は東洋電機製で、当時最大級の4500V、2500A定格のGTOサイリスタを使用、8個モーター制御を可能にしたのが特徴である。

　当初7601編成と7602編成は大井町線で、クハ7500形と4M2T編成、7603編成は池上線でデハ7200形と3M編成で運転された。その後、7601編成と7602編成を池上線に転籍する際、編成中のインバーターを2台とするために、

「ダイヤモンドカット」と呼ばれた7600系も7601編成のみとなった。引退前にはデビュー当時の姿に復元された「デビュー・スタイル」となった。2015年3月17日に解体のため搬出が行われた　写真提供：谷川鷹義

7200系を置き換える目的でVVVFインバータ制御の7600系を投入した。リニューアルが施された編成の中には、正面が黒、その周囲と側面には赤帯が貼られた　写真提供：古屋香織

補機がありVVVFインバータを取り付けられないデハ7601、7602号車を電装解除しクハ7601、7602号車とし、台車、主電動機を振り替え、クハ7500形にVVVFインバータを取り付け、パンタグラフなしのデハ7650形7661、7662号車に改造し、4個モーター制御化した。改造後もしばらくは、大井町線と池上線で運用され、その後3両3編成で全車池上線配属となった。

　1994（平成6）年に室内更新工事が開始され、電気指令ブレーキ化やワンハンドルマスコン化に加え、運行支援装置・自動放送装置を導入。側窓はサッシュレス、妻窓は固定化し、扇風機は送風機に替えた。さらに、車椅子スペースの設置、側面表示器の新設等の更新工事を施工した。また中間車デハ7651、7652号車の運転台と運客仕切りを撤去して、側開戸跡は小窓とし、旧運転台側には3人掛けの座席を新設、旧車掌台側は車椅子スペースとし、7681、7682号に改番したが、外観上では大きな変化はない。

　そして、東急に残る最後の1編成は、引退前にデビュー当時の姿に復元。2015（平成27）年2月に蒲田駅構内で行われたイベントでは、記念入場券の販売や、7600系の正面である、美しいダイヤモンドカットを立体的に製作した撮影ボードが設置された。これは、駅員の手作りで、駅員にも愛されていたことが嬉しい。

5　リサイクル車7700系のデビュー

　オールステンレスカー7000系をリニューアルした車両として、1987（昭和62）年7月に誕生したのが7700系である。

　ステンレス車両の寿命はほぼ永久的との設計予想どおり、7000系は製造後

7600系と同様、7700系もリニューアル車両は「歌舞伎塗装」が施された　写真提供：谷川鷹義

7910編成は元7001号車で、引退前には7001の銘板も復元していた　写真提供：古屋香織

　25年経った1987年時点でも、なお車体の劣化はなく、その後の使用に耐えうる状態であった。車体の荷重強度試験の結果からも、車体構造の強度低下はまったくないことが確認された。この結果、ステンレス車両は普通鋼製車両に比べ、保守費・修繕費が大幅に削減できることが証明された。

　しかし、製造後25年も経つと電機品や室内内装の老朽化が目立ち始め、また、冷房装置のない車両がサービス低下を招いていたため、電機品、客室内の更新と冷房取り付けを中心に、改造工事を行うことになった。

　室内内装板と床面を新造車の9000系と同一仕様で交換し、側窓を下窓固定・上窓バランサー付きの下降式窓とした。客室腰掛はウレタンフォームシートに取り替え、布地は茶色とオレンジ色を交互に配置し、座席の端と中間には9000系で好評を得た仕切り板を新設。蛍光灯の灯数は先頭車20灯、中間車22灯とし室内を明るくした。

　車体は7000系の構体をそのまま使用し、クーラー取り付けのため天井の横骨を追加して、屋根上に9000系と共通設計の1万kcal分散型クーラーを1両に3台取り付けた。また、屋根上には左右両側にわたって屋根上点検用の歩み板を設けた。

　制御装置はインバータ方式で、モーターを交流の大出力のものとしたため、7700系は電動車（M）と付随車（T）の比率を1対1とし、電動車にはインバータ制御装置が取り付けられ、9000系と同一仕様の170kWの交流モーター4台を制御している。

第 12 章　日本の車両技術の基礎になった 9000 系の登場

7700系の一部はワンマン対応で3両編成になった。保安装置はATSとTASC（定位置停止支援装置）を搭載する　写真提供：河野美斗

　編成は2M2Tで、上りからクハ7900＋デハ7800＋サハ7950＋デハ7700形の4両1組を基本としている。VVVFインバータ装置を使用したことにより回生ブレーキが非常に良く効くので、M車の回生ブレーキ力を有効に利用し、回生ブレーキが効いている間はT車の空気ブレーキをカットするようにした。またブレーキ装置は従来のままで、主幹制御器（マスコン）のみワンハンドル方式にしたため、主幹制御装置からの電気指令を空気指令に変換する装置を取り付けた。

　ワンハンドルマスコンのブレーキ操作は、9000系と同様に抜き取り、非常、B7-B1である。後にブレーキ装置は8000系と同様の、電気のみで全車両へブレーキの指令を送る電気指令式に改造された。

　車内の電灯や扇風機に使用する補助電源装置は、冷房電源と共用とし、9000系と共通設計の静止形インバータ（SIV）と交換し、メンテナンスフリー化を図った。制御装置、SIVとも素子にはGTOサイリスタを使用している。上り先頭車のクハ7900形にこのSIVを取り付け、4両分の給電を行っている。補助電源装置が編成中に1台しかないため、バッテリーの容量を十分に大きくし、補助電源装置が故障のときにもバッテリー電源で自力回送ができるようになっている。

　台車は8000系で使用実績のあるTS台車に交換した。8000系、9000系の設

7700系の7915編成。こちらは1996（平成8）年に登場した編成で、試験車として様々なデータを得て、3000系以降の設計に反映した。2010（平成22）年に廃車となった　写真提供：池田拓也

計仕様を引き継ぎ、部品の互換性を図っている。

　乗務員室は運転士の運転操作性向上を図り、運転台位置を高くした8500系仕様の運転台とし、乗務員の腰掛も大型のものに交換した。同時に運転席正面には遮光用のカーテンを取り付け、電子ホーンや電気ワイパー等も同様に取り付け、新造車に近い内容となった。この結果、新造車より低価格で新車相当の7700系を誕生させることができた。

　1987年から順次改造され、当初は3M3Tの6両編成で大井町線で使用された。その後、2M2Tの4両編成14本が目蒲線で運用されていたが、ワンマン運転のため2M1Tの3両編成になった。このとき余剰となった中間車は、先頭車化改造が行われ、IGBT-VVVFインバータの試験車、7915編成として登場し、東洋電機製の近未来のデュアルモード車両として、7715号のインバータは制御用と補助電源用が組み合わされた。7815号は制御用単独であるが、3群あるインバータのどれかが故障しても、切換えをして2群で使用する。

　この方式は新7000系と1000系1500番代にも採用している。7915編成は2010（平成22）年に廃車になり、7700系の廃車も進んでいるが、まだ乗れる機会は多いので、50年間走り続けているステンレス車体を観察するのも楽しいであろう。

6　東横線に乗り入れていた営団03系

　営団日比谷線では、3000系車両に代わる冷房付き新形式アルミ車両の03系を1988（昭和63）年6月にデビューした。3000系はステンレス車体であったが、さらに軽量化でき、消費電力の節減につながるアルミ車体が採用された。

第 12 章　日本の車両技術の基礎になった 9000 系の登場

営団日比谷線03系は1988年にデビューした。1990年にはラッシュ時対策として両端2両が5扉の試作車が運用を開始。対象の編成は前面貫通扉の窓に「5DOORS」のステッカーを貼付した

日比谷線は18mの3扉車両が標準とされているので、03系もそれを踏襲した。台車は半蔵門線で実績のあるボルスタレス台車である。

先頭形状は曲線を強調し、前面窓の上部を黒色にして窓と一体感を持たせたデザインとし、車体の識別帯は路線カラーのシルバーに、周囲をダークブラウンとアイボリーを配しており、落ち着いた雰囲気を醸し出している。

側出入口幅はこれまでより100mm広げて1400mmとし、車内側には、マイコン制御の駅名表示装置が取り付けられ、行先、次駅名、乗換え、ドアの開く側等を、LEDの文字により表示する。車内は暖色系でまとめられ、立っている乗客が外を見やすいように窓の天地寸法が大きくなり、車両の外側にはスピーカーが設けられ、ホームの乗客に車掌から案内放送が行えるようになった。

乗務員室の主幹制御器とブレーキ制御器は、回転ハンドル式のディスクタイプを採用してコンパクトになっている。3000系は発電ブレーキ付き抵抗制御の全電動車方式であったが、主電動機を分巻電動機として電機子と界磁を独立。高周波分巻チョッパ制御する方式として、電力回生ブレーキ付きとしたうえで、マイコンによる高精度の空転防止制御を行うことにより、編成中の電動車数を半分とした経済的な編成が実現した。

電源装置は負荷となる冷房装置、空気圧縮機、その他補助機器を総合的にシステム化し、効率のよいDC/DCコンバータを採用した。冷房装置はインバータによる容量可変式で、車両の乗車率に応じた冷房制御を行うので、冷え過ぎの防止と梅雨時期の除湿運転が可能になり、快適な車内となった。

さらに、車両制御情報管理装置（TIS）を搭載し、チョッパ、ブレーキ、ATC装置等のマイクロコンピュータとリンクして、装置各部の異常状況をすばやく乗務

員室にディスプレイ表示し、その処置を迅速にさせるとともに、車両基地での対応に役立たせることができるようになっている。

　また、定期検査時の機能テストにもこのTISが利用できるので、安全性や保安性が一段と向上した。

　1990（平成2）年には5扉車が試作され、8両編成の両端2両に組み込まれた。試験の結果停車時間も6〜11秒の短縮効果が得られ、1990年の増備車両6編成が5扉車とされた。

　18m車に片側5ヵ所の出入口とするため、端部を除き側窓は戸袋窓となっている。なお、出入口幅は1300mmに戻された。使用状態としては、中目黒と北千住折り返し時に、整列乗車を守るため2出入口を閉扉扱いとしている。

　1993（平成5）年からインバータ制御方式に変更し、主制御器の素子は高速スイッチング特性をもたせたトランジスタであるIGBTが導入された。

　日比谷線の新造車両は、通常東武鉄道から搬入されるが、1993年には第28編成から第35編成までの8本が長津田から搬入され、鷺沼検車区で整備のうえ、自力で東横線経由で入線した。2013（平成25）年3月15日に東横線との相互直通運転は休止された。これは、翌日から東横線が副都心線との相互直通運転開始に伴い、ホームドアに対応できないためであった。

　また、2016（平成28）年度から2019（平成31）年度にかけて、20m車の13000系導入が発表され、近畿車輌が7両編成42本、合計294両を製造する。03系の置き換えも一気に進むであろう。

東急〜営団（現・東京メトロ）〜東武の3社乗り入れを実施していた03系。運転台の圧力計の上部には「東武デッドマン装備車」の表記がある
写真提供：河野美斗

5扉車は停車時間短縮を目的に導入された。外観からもドアピッチが短いことがわかる　写真提供：河野美斗

5扉車の車内。扉間には3人掛けのバケットタイプの座席が設置されている。ラッシュ時以外は中間の2扉を閉め切り3扉で運用される　写真提供：河野美斗

13　混雑緩和策が安全性向上に繋がる

念願の第二東横線の完成と車両の運用路線変更

営団地下鉄日比谷線乗り入れに対応するため車体長18mとした1000系。臨時列車としてみなとみらい線元町・中華街駅まで乗り入れた　写真提供：河野孝司

1　18m車・1000系がデビュー

　車両の増備が急ピッチに進み、9000系の次は10000系とせず、番号が振り出しに戻る1000系になった。中目黒と北千住を結ぶ営団日比谷線相互直通運転用として、東横線で使用していた7000系に代わって、1988(昭和63)年12月に登場し、1993(平成5)年までに113両製造されている。

　外観は9000系とほとんど同じで、東急電車の代表的な顔となっている切妻形の正面と赤帯、そして外板はつや消しタイプのステンレス車体である。車両の長さは9000系の20mに対し、18mと短く、随所に新しい技術が導入されて、一味違う乗り心地と快適性を備えている。

　制御は交流モーターを使用したVVVFインバータで、滑らかな乗り心地と検査作業の手間を少なくしたものとなっている。

　9000系は、1台の制御器で4台のモーターを制御する1C4M方式で、8両編

143

成でのモーターの数は16台、制御器の数は4台である。これに対し、1000系は1C8M方式で、8両編成でモーター24台、制御器3台の構成。9000系よりモーター数は多いものの、価格の高い制御装置の数を抑えることで、トータルとしての経済性が図られている。また、池上線と東急多摩川線は3両編成中に制御器を2台にすることで、1台が故障しても、もう1台でモーターが動かせる1C4M方式とすることで冗長性を持たせた。

　室内は、天井全長にわたって冷房用のダクトが設けられ、スリット部からは均一に風が吹き出す構造とし、冷房動作をコントロールする装置には、室温と湿度に見あった能力に制御ができるVVVFインバータを搭載し、暑くなく冷えすぎない、快適な空調装置としている。また、従来は各冷房装置ごとに手作業で交換していた室内のフィルターをロール状として、自動的に巻き取る装置を取り付け、常に新鮮な循環空気を取り入れた清潔な室内環境づくりと、交換作業の手間を大幅に減らした。

　ロングシートの腰掛は、車端部に4人掛け、ドア間を9人掛けとし、仕切り板を3人ごとに入れて座席定員がわかりやすい工夫をしている。また、1993（平成5）年に製造され、池上線を走っている5次車には、仕切り板と荷棚棒の間に握り棒（スタンションポール）を取り付けて、特に吊り輪につかまりにくいお年寄りや子どもの安全を確保し、さらに、1両ではあるが車椅子スペースを設け、体の不自由な方への配慮にも心掛けている。

　保安装置として、相互直通乗り入れ用の車両には営団日比谷線内で使用する地上信号式WS-ATC装置と、東急線内用の停止信号により非常ブレーキを掛けるATS装置を搭載。中目黒駅で東急、営団の切換えスイッチを使用して切り換え、さらに、無線機については日比谷線内の誘導無線と、東急線内の空間波

貫通扉が中央にある1013編成。以前は東横線と目蒲線の共通予備車であった　写真提供：谷川鷹義

1024編成は1992（平成4）年に製造された1000系最終製造番号の車両である　写真提供：谷川鷹義

第 13 章　念願の第二東横線の完成と車両の運用路線変更

東横線から転属した1000系は改造が施されて1500番代が付けられた。車体に巻かれた帯色は赤から濃淡2色の線に変更された　写真提供：河野美斗

無線を装備しており、中目黒でマスコンキーにより自動的に切り換えていた。

　東横線には日比谷線相互直通乗り入れ用として8両編成が10本在籍し、このうち9本を常時運用し（予備車両を含む）、残りの1編成分は定期検査用の予備で、4両に分割できる編成もあり、運用によっては目蒲線に使用できた。また、池上線には、1991（平成3）年〜1992（平成4）年度に製造された3両編成11本が63年ぶりの新車として運用され、新しい車両がさっそうと疾走する街並みの景観も新鮮なものに映った。

　そして、日比谷線乗入れ運転休止に伴い、2013（平成25）年3月に東横線から8両編成8本が引退し、その後池上線と東急多摩川線用に大掛かりな更新工事を行い、1000系1500番代として2013年5月から運転を開始した。

　地方私鉄へは上田電鉄に2両編成5本、伊賀鉄道に2両編成5本、一畑電車に2両編成3本が譲渡され活躍している。

2　7000系と同様の走り装置に更新した1000系1500番代

　東京メトロ日比谷線相互直通運転の休止により、余剰となった1000系8両編成は池上線・東急多摩川線用として3両編成化、2014（平成26）年5月10日から1000系1500番代として2M1Tで登場した。車体は軽量ステンレス鋼の18m車で、帯は7000系に合わせ濃淡の緑とゴールドを前面と側面窓下に、戸袋部には三日月形をあしらった。

　制御装置はVVVFインバータとSIVが一体型のデュアルモードシステムに交換。IGBT素子による2レベル方式で1群と2群が完全に独立した1C4M方式

で、回生ブレーキおよび全電気ブレーキ機能を持つ。

先頭車はATCを撤去し定位置停止支援装置（TASC）を追加、中間車から空気圧縮機と蓄電池を移設。運転室はワンマン運転対応で、運転台コンソールにはドア開閉スイッチ、乗降促進ボタン、右側にITV装置を新設し、客室仕切り戸に電気錠を追加している。

デハ1500形は電動車化のためM台車に履き替え、ブレーキ制御ユニットをM車用に交換。デハ1600形はシングルアームパンタグラフを五反田側に増設して2基搭載になった。

客室化粧板は木目調に交換され、空調風道下面は火災時に溶融滴下しないように白の化粧板を取り付けた。中間車には車椅子スペースを新設し、2段手すりを取り付け、側窓は固定され熱線吸収強化ガラスになった。床はグレー、ロングシートの表地は緑色で、背ずりの柄は竹をイメージしている。中仕切り板は撤去しR形状のスタンションポールを取り付けた。側引戸の戸先には視認性向上テープと靴摺りに黄色の識別板を新設。車内銘板は7000系と同じ書体で製造・改造メーカーと車体番号が一体のステッカーになった。

3　高密度運転を実現～東急線のATCシステム～

新玉川線は地下トンネルの見通しの悪さなどの理由からCS-ATCを渋谷～二子玉川園（現・二子玉川）で初採用したが、営団（現・東京メトロ）半蔵門線と直通運転を行っている田園都市線は、沿線の開発が進み、輸送力も順次増大してきた。田園都市線では保安装置にATS（自動列車停止装置）を使用していたが、

二子玉川～溝の口間では内側に大井町線、外側に田園都市線の複々線区間。田園都市線の8500系濃淡ブルー帯の「伊豆のなつ号」（左）と、大井町線の6000系（中）・9000系（右）が一瞬並んだ　写真提供：河野美斗

2008年に大井町線はATC化され、所属車両にATC-P装置が取り付けられている　写真提供：河野美斗

東横線の5050系はATC-P装置のほか、新CS-ATC、ATO、西武と東武に対応するATS/ATC装置を装備する　写真提供：河野美斗

　将来の輸送力増強には限りがあるため、1991(平成3)年3月16日から、高密度運転が可能で、かつ保安性の高い、新ATCシステムを使用開始した。

　この新システムは新CS-ATCと呼ばれ、信号機を運転台に設けたキャブシグナル方式で、線路の曲線部分やトンネル内にかかわらず、運転士は信号を確認することができる。また、曲線部分の速度制限などに、きめ細やかに対応するため、速度情報は22段階の「速度」で表示され、列車速度が制限を超えると、自動的にブレーキが働く。さらに、前方の予告情報が運転台に表示されるので、スムースな運転が可能で、乗り心地の向上につながっている。

　閉塞区間と呼ばれる1つの信号区間を、最小60m(構内は50m)としたことと、1段ブレーキシステムの採用により、最小運転間隔は2分に短縮され、1時間に最大30本が運転可能となり、大幅な輸送力増強が可能となる。これによって、従来は前方の閉塞区間に進入するまでに、速度情報で与えられた速度以下にしなければならなかったが、その必要もなくなった。

　新CS-ATC装置は、田園都市線とこどもの国線に所属する車両と、同線を回送する大井町線所属の車両に取り付けられた。2004(平成16)年10月19日から田園都市線は2分5秒間隔で運転している。

　1997(平成9)年3月20日からの東横線渋谷〜菊名間ATC化に伴い、踏切対応や過走防護装置(ORP)の機能などがプラスされたATC-P装置を東横線所属の車両に取り付けた。運転台の速度計には[0]・[10〜100]は5km/h刻み・[110]を△ランプで表示。その他、前方にある減速予告情報[前方予告]・PEP信号[P]・絶対停止[×]・停止現示[○(赤ランプ)]・進行現示[○(青ランプ)]がある。2008(平成20)年2月23日に大井町線はATC化され、所属の車両にATC-P装置を取り付けている。目黒線は2000(平成12)年8月6日に運転を開始し、ATC化された。

目黒線は、営団地下鉄南北線、都営地下鉄三田線と相互直通運転を開始した。これにより目黒線には東急・営団・都営3社局の車両が運行されている　写真提供：東急電鉄

　そして、池上線と東急多摩川線の7700系と1000系の車両にATC装置は未設置なので、長津田車両工場へ回送する際には、総合検測車「TOQ i」を両先頭に連結してATC区間を走行している。

4　目黒線の開業

　東横線の混雑緩和策として、目蒲線のルートを活用して第二東横線となる複々線の構想がアイデアとして出されたが、併せて洗足〜不動前間の踏切を廃止する連続立体化工事としての予算が付けられ、長年に渡り工事が進められて来た。

　目黒からは地下で都営三田線と東京メトロ南北線、埼玉高速鉄道浦和美園まで相互直通運転することとして、目黒駅ホームは地下四階となり、地下三階には山手線との連絡口が設けられた。

　目蒲線は鉄枠で組み上げた仮枠で線路を確保し、営業を続けながら、直下型と直上型を折りまぜて工事を行い、ひとまず都心線と呼ばれていた。将来は八両編成としての計画であったが、東急での予測は、それ程乗客が増えるとは思えず六両編成に変更するよう申し入れて了承されたのである。

　このルートでは、高速鉄道としての真価を発揮するために多摩川園〜日吉間を複々線とし、乗り換えは同一方向同一ホームとするための線路の大掛かりな振替工事を伴なうものであった。

　この新ルートは目黒線と名付けられ、ワンマン運転のための設備とホームドアが特徴である。そして、踏切が残るのは大岡山〜田園調布間の6か所と武蔵

第 13 章　念願の第二東横線の完成と車両の運用路線変更

大井町線と目黒線が接続する大岡山駅。駅舎の壁は緑化され、東急病院が併設されている　写真提供：平賀尉哲

元住吉駅ホームは高架で、その下に元住吉検車区への引込線が延びている。検車区は奥に位置する　写真提供：平賀尉哲

小杉〜元住吉が1か所のみとなった。

　運転開始は2000（平成12）年8月6日に目黒〜武蔵小杉で、同年9月26日には南北線・埼玉高速鉄道・三田線との相互直通運転が開始された。2006（平成18）年9月25日から急行運転開始。2008（平成20）年6月22日に武蔵小杉〜日吉が延伸開業し、日中の急行は毎時4本で、日吉から埼玉高速鉄道浦和美園と鳩ケ谷行きが各1本、都営三田線西高島行きは2本で、目黒〜日吉間の急行所要時間は16分と速い。

　目黒線の開業に併せて多摩川〜蒲田間は東急多摩川線と改称された。

　3000系は、既に営業している東京メトロと都営の車両に合わせたスタイルとなって登場した。それまでの切妻から流線形と大きく変わった姿は、優しさを表現する新鮮なものと言えた。

　目黒線のスタートは1面2線の地下ホームである。トンネルから出て目黒川を渡るので高架となった不動前駅。発車後地下へ入り武蔵小山は2面4線として急行接続駅となる。西小山は地下駅となり駅前広場もできた。大岡山駅は大井町線乗換の便を良くする同一ホーム同一方向とし、ホームの前後でルートを振り替え、大井町側には引上線も新設された。奥沢の車庫は目黒側から直接入庫するレイアウトに大改良されて、奥沢検車区は消えて留置線のみとなった。

　田園調布は同じく地下ホームの同一ホーム同一方向乗換とし発車後地上に出て次の多摩川は高架駅の2面4線となる。なお複々線の構成は外側が東横線、内側2線が目黒線で日吉まで至るが多摩川の鉄橋は架け替えられて道床があるので大変静かな走行音である。更に地下には1面2線の蒲田方面への分岐線ができ、東急多摩川線の起点となった。

　次の新丸子、武蔵小杉、日吉は同じ配線だが、武蔵小杉を出ると東横線は高

東急電鉄70周年記念列車は新3000系の第1編成が用意された。招待者が地上駅時代の渋谷駅で，係員から3000系の説明を受けている　写真提供：東急電鉄

架、目黒線は地上を走る上下二層式。元住吉手前で元住吉検車区への入出庫線の分岐があり、再び高架となり、元住吉は2面6線で東横線は退避線と通過線があるが目黒線にはない。

日吉の下り側に引上線が2本あり、現在は新横浜延伸と相鉄直通運転に向けた工事が進められている。

5　営団（現・東京メトロ）南北線の9000系

営団南北線は、都内を南北に結ぶ地下鉄路線としてこの名前が付けられ、1991（平成3）年11月に駒込〜赤羽岩淵間の運転を開始した。

運転方法は、運転士がすべての操作を行うワンマン運転であり、地下鉄では初めてのホームドアの採用等、21世紀に向けた先進技術を採用した安全性と快適性を備えた路線といえる。

2000（平成12）年9月に目黒までの全線が開業し、目黒線との相互直通乗り入れを開始した。2001（平成13）年3月には埼玉高速鉄道の浦和美園まで相互直通乗り入れを開始している。駒込から目黒までのルートは、後楽園、四ツ谷、麻布十番、白金高輪を通って目黒になる。目黒線への乗り入れは旧目蒲線のルートから田園調布を経て、日吉までは東横線と並走という第二東横線としての機能が確立した。また、白金高輪〜目黒間の複線は、南北線と三田線の共用区間になっており、営団（現・東京メトロ）が第一種鉄道事業者、東京都交通

第 13 章　念願の第二東横線の完成と車両の運用路線変更

東京メトロ南北線9000系は、1991年の駒込〜赤羽岩淵間開業時に投入された　写真提供：河野美斗

東京メトロ9000系は試作車・1〜4次車の前照灯周りが長方形になっているが、5次車以降は切れ長のスタイルとなった　写真提供：古屋香織

局が第二種鉄道事業者で、東京メトロが白金高輪と白金台の駅を管理している。そして、南北線と三田線の分岐駅になる白金高輪は同一方向で乗り換えができる2面4線のホームで、外側2線が三田線、内側2線が南北線である。

　南北線に使われている車両は、東京メトロ9000系で、アルミ合金製20m車である。正面は曲線を多く採り入れたデザインとしており、側面までエメラルドグリーンのラインを配したボディである。先頭車両は快適な乗務が配慮された運転スペースを確保しており、中間車両より66cm長くなっている。

　室内デザインは、沿線に点在する庭園の散歩道をイメージしたといわれる、パープル調の2色の床としており、しゃれた明るい雰囲気を漂わせている。また、車内の各設備は、車椅子スペースはもちろん、運転士と対話できる非常通報装置、ファジィ制御の空調装置、駅名や各案内を知らせる車内表示器等、最新の設備が整えられている。

　制御方法はVVVFインバータで、初期はGTO素子による1C4M方式。2次車以降はIGBT素子による1C2M方式になり、力行からブレーキまで地上の地点情報により自動運転されるATOを採用。運転の操作は、運転台の出発ボタンを押すだけで、後はすべてコンピュータによる自動運転がスタートする。

　台車は空気ばねのボルスタレスで、マイクロコンピュータを用いて、空気ばね圧を制御する電子制御方式となっている。運転台は、ドア開閉スイッチ、無線装置、放送装置等、運転しながらでも操作がしやすい配置となっており、ワンマン運転としての必要機器が整然と並べられている。

　さらに、運転状態や故障や検査の内容等、編成全体の診断表示ができるTISと呼ばれる情報モニター（車両制御情報管理装置）を装備しており、ハイテク技術を満載した車両といえる。2015（平成27）年現在、6両編成23本が運用されており、8両編成化を考えた編成になっている。

14 続々登場するインバータ制御車

進歩する軽量ステンレス車両構体とインバータ制御方式

田園都市線の増備車両として登場した2000系。9000系とよく似ているが、屋根上の冷房装置の配置が異なり、車両性能は大きく向上した　写真提供：河野孝司

1　人にやさしい電車 2000系デビュー

　1992（平成4）年3月に田園都市線・新玉川線の増備用として登場。1992年に20両、1993（平成5）年に10両を製造して、10両編成3本が中央林間から半蔵門線押上間で運用されている。

　外観は9000系とそっくりであるが、唯一違う点は屋根上の冷房装置の配置で、2000系は2台を1組として2つの箱となり、一見すると冷房装置が2台になったように見える。

　中身は1万kcalのクーラーで、1000系同様インバータで制御される。しかし、類似している点は外観だけで、車両の性能、客室設備は、9000系、1000系を上回る最新技術を採り入れ、初めて新製時から編成中の2両に車椅子スペースを設け、人に優しい快適性をめざした車両である。

　まず、客室内で目を引くのがロングシートの腰掛である。表地の柄を花とストライプの2種類とし、オレンジとレッド系を組み合わせた。腰掛の中仕切り

部分にはスタンションポール（握り棒）を取り付け、腰掛下蹴込み板は180mm壁側へ後退させ、小さな手荷物が置ける程度の空間が確保されている。

側窓カーテンには、東急線をイメージした横浜ベイブリッジや田園調布の駅舎、渋谷のファッションコミュニティ109のデザインを使用したり、車両間の仕切り戸ガラスを三角形にデザインする等、楽しいアイデアを採り入れて、通勤電車のイメージを一新して、明るく楽しい雰囲気を作り出した。なお、現在の腰掛の表地とカーテンは、9000系と共通のものに交換されている。

制御方式は、1C8M方式のVVVFインバータ装置であるが、1000系より大容量のGTOサイリスタを使用し、6M4T編成とした。さらに、前後左右の揺れを抑える空気ばねや、カーブの走行性能を向上させて、乗り心地の良いボルスタレス台車を採用した。

1993年に製造された2003編成にはATS装置も装備され、東横線では8両編成で運用したが、田園都市線転籍の際ATS装置は撤去された。

2000系は東武線への乗り入れは非対応のため、現在の保安装置は田園都市線と半蔵門線のATC装置のみである。

2　大規模な更新工事は行わないとの方針に転換

8000系車両は、1969（昭和44）年から東急車輛で製造してきたオールステンレスカーである。この車両は、誕生から25年近くなっても、車体の老朽化はなく、その後の使用に耐えうる状態であった。そこで、1992年から客室等の内装を一新することとした。既に、電気機器等も順次更新を進めており、パイオ

運用離脱直前の8000系の第1編成・8001編成（左）。晩年まで大きなリニューアルもなく、概ね原型を留めていた　写真提供：古屋香織

ニア形台車は軸ばね方式のTS台車に更新が完了していた。

　外観では、正面の意匠を従来の赤帯横1本線から、縦に2本加え中央部は艶消しの黒色として、乗客がホームでの列車進入をよりわかりやすくなるよう工夫をしたほか、側面の低い位置にも赤帯を配し、車体はリニューアルされて、再デビューを飾るのにふさわしい、いわばラッピング感覚のデザインとなった。

　客室内は、全体の印象を2000系に合わせた。側窓は、厚さ5mmの安全ガラスを使用したサッシュレス1枚下降式の構造に改造するとともに、妻窓は固定窓とし、客室配色は、茶系統の色調を採用し、明るく、暖かい落ち着いた雰囲気となるように配慮した。

　座席は、1993（平成5）年よりシート地をレッドとオレンジの花柄模様を交互に配置し、ドア間を7人掛け、車端寄りを3人掛けとしており、7人掛けは4人と3人の間に座席仕切りを設け、その部分に握り棒（スタンションポール）を新たに設けた。このシートに使われる詰物は、リサイクル可能なポリエステルに変更、さらに、2号車・7号車には車椅子スペースを設けている。

　天井の形状は従来のままであるが、パンタグラフの下のクーラーカバー内にラインデリアを1台増設し、車内放送用のスピーカーは天井埋め込み式とし、運転台の操作機器やメーターを納めたコンソールは高運転台化し、乗務員腰掛は背もたれを高くして居住性の向上を図った。

　正面窓には、遮光板の代わりにヨーロッパで広く採用されている巻き上げ式のスクリーンを取り付け、強い日差しの中でも前方監視を容易にしている。

　表示装置は、1993（平成5）年から前面と側面の行先・列車種別表示器を球切れのないLED表示にしたほか、車側灯もLEDを採用した。

　放送装置は、制御増幅器をトランジスタ方式からICを使用したものに更新し、制御増幅器マイク一体式から、コード付き手掛け方式に変更したほか、自動音量調整装置付きとした。

　そして、技術の進歩によってさまざまな機器はメンテナンスの省力化と省エネにもなるため、製造から廃車までをトータルで考えると、新車を導入したほうが良いと判断した。そのため、8000系の車内は2000系と同等に更新したが、走り装置などはそのまま使用した。

　東横線に5050系が登場すると、8000系は徐々に運用から離れ、引退イベントではデビュー当時の姿に復元され、2008（平成20）年1月に引退。大井町線はATC-P化に伴い、2008年2月に8001編成での運用を最後に東急線から引

東急目黒線に乗り入れる都営地下鉄三田線用の6300形（中央）。20mの車体を持つ　写真提供：古屋香織

退した。

　現在は伊豆急行で3両編成15本（8500系1両含む）と、インドネシア・ジャカルタのJabotabek（ジャボタベック）鉄道へ8両編成3本が譲渡され活躍している。

3　都営車初の東急乗り入れ車となった6300形

　都市高速鉄道（地下鉄）第6号線として建設されたのは、西高島平から三田までの都営三田線である。2000（平成12）年9月に目黒から白金高輪間は南北線と共用区間で、三田から目黒まで開業。目黒線の武蔵小杉まで相互直通乗り入れを開始。2008年には目黒線の日吉まで延伸開業。西高島平から日吉間を走り、その途中では、多数の路線と接続することとなり、この一大鉄道網は第2東横線としての役目を果たしている。都営三田線の相互直通乗り入れ用として、1993（平成5）年6月に新形式車両として登場したのが6300形である。オールステンレスの20m車で、6両編成37本が運用され、8両編成化を考えた編成になっている。

　先頭車両は営団（現・東京メトロ）9000系と同様に、運転スペースを広く確保しており、中間車より25cm長い。外観は、スピード感とハイテクイメージを強調したシルバー、三田線のラインカラーであるブルーを主体とする帯にレッドを配した新鮮なデザインを採用している。

　室内デザインは、腰掛はバケットシートで生地はベネチアンレッド、腰掛下の蹴込み板は小型化され広いスペース、側窓には木と人をイメージしたデザ

インカーテン等、室内は暖色系でまとめた明るく開放的な雰囲気である。そして、目黒延伸では車両増備が多くなることから仕様が変更され、腰掛下の蹴込み板は大きいタイプになり、カーテンは無地になるなど、コスト削減を行った。

　車内の各設備、運転台操作機器等は、相互直通乗り入れする目黒線、南北線と同等の設備が整えられ、ワンマン運転である。

　制御方法はVVVFインバータで、1・2次車はGTO素子による1C4M方式。3次車はIGBT素子による1C2M方式。保安装置はCS-ATC、ATO、TASCで南北線と目黒線に対応。臨時列車ではあるが、みなとみらい線元町・中華街まで乗り入れたこともある。

4　IGBT-VVVFインバータ制御の新3000系登場

　新3000系（以下3000系と表記）は、「すべてに優しい美しい車両」を目指して、乗客・乗務員・検修員の要望を取り入れ、東京メトロ南北線と都営三田線直通運転用車両として、1999（平成11）年4月に8両編成で東横線に登場した。2000（平成12）年8月6日の目黒線開通からは6両編成で運用を開始し、2001（平成13）年までに13編成、計78両が製造された。

　車体は軽量オールステンレスで、外板を全て平板のビートレス、表面はつや消しのダルフィニッシュ仕上げである。先頭形状は半流線形となり、前面ガラスは側面までまわり込む曲面ガラスである。前面は繊維強化プラスチックのFRP一体成形品で、ステンレス色で塗装している。

東急目黒線用の3000系は、東京メトロ南北線・埼玉高速鉄道・都営地下鉄三田線に乗り入れるため、これらの線区の保安装置を搭載している　写真提供：古屋香織

第 14 章　進歩する軽量ステンレス車両構体とインバータ制御方式

制御装置は1700V・1200AのIGBTを使用した、3レベル方式のVVVFインバータでモーターを2台ずつ制御する1C2M方式となり、軽量化と低騒音化を達成した。そして、2号車と3号車はユニットを組み4群制御。5号車は2群制御の1M方式となっている。又、奇数編成は日立製、偶数編成は東芝製でインバータ音に違いがあるため乗り比べてみるのも楽しい。2社になったのは、コスト面で互角だったことによる。

ブレーキ装置は、HRDA（High Response Digital-Analog）回生ブレーキ併用デジタル指令-アナログ変換式電磁直通ブレーキで、常用ブレーキは回生ブレーキ優先で、遅れ込め制御により回生率を向上させている。車輪フラット防止装置としてABSを全車に搭載している。

保安装置は、東急線は自動列車制御装置（CS-ATC）で、南北線と三田線は自動列車運転装置（ATO）と停止位置の精度がプラスマイナス35cmの定位置停止支援装置（TASC）を搭載している。運転室の車上ITV装置は4画面でワンマン運転対応である。

パンタグラフは着雪の重みで架線から離れることを減らす効果のあるシングルアーム式を採用。

先頭車は中間車より車体長を300mm長くすることで、乗務員室を広げて居住性を良くしている。内装のデザインは温かみを感じるローズ系でまとめ、床は薄茶、妻面はローズピンクである。座席は片持ち式のバケットシートで、背ずりは赤で座布団は茶色の布地を使い、座席幅は今までより1人あたり10mm広げて450mmになった。ロングシートは7人掛けで、3人と4人の仕切り部分にスタンションポールを設けた。そして、大型の袖仕切板がある。

座席部吊手は1630mmと100mm低い1530mmの2種類あり、五角形の

3000系はワンハンドルマスコンを採用した。右側のモニターは車両情報装置の表示器で、制御伝送機能などの動作確認、行先表示の設定などが行える　写真提供：河野美斗

3000系はオールロングシートとし、7人掛け席はスタンションポールが4+3人に分けて定員着席を促している。袖仕切りは大型のFRP製になった　写真提供：河野美斗

手掛けの向きが枕木方向になり握りやすくなった。また、荷棚は今までより20mm低い1710mmになり、荷物の上げ降ろしが楽にできるように工夫されている。側窓はドア間がサッシュレスの一枚下降窓と固定窓のユニット構造で、ガラスは5mmの安全ガラス、カーテンはフリーストップ式を採用している。車内の車号板・製造銘板・号車板・禁煙札・消火器札はシール式になり、デザインは立体感を出して見やすくなっている。車椅子スペースは編成中2か所にあり、暖房用ヒーターは壁掛け式で、乗務員と通話ができる非常通報器は低い位置にある。

　ドア開閉時はチャイムが鳴り、ドア上の車内表示器には行先・列車種別・停車駅・ドアが開く側を予告表示するLED案内表示器を各車4台ずつ交互に設置している。

　空調装置は、東急初の集中式を採用して軽量化され、屋根構造が簡単になるため製造費が安くなった。冷房能力は4万2000kcalで、冷房・暖房・除湿・送風が自動運転できる。座席下にはヒーターを取付け、天井には軸流式送風機のラインデリアがある。

5　埼玉高速鉄道・2000系

　埼玉高速鉄道株式会社は埼玉県・東京メトロ・国際興業・東武鉄道・西武鉄道などが出資した第三セクターで1992（平成4）年3月25日に設立。2001（平成13）年3月28日に埼玉高速鉄道線・赤羽岩淵〜浦和美園間の14.6km・8駅が開業した。

　車両は2000（平成12）年度に開業を迎えることから形式名称を2000系として、「すべてのお客様に優しく快適な移動空間の提供をできる車両」と「21世紀に開業を迎える路線にふさわしい清潔で未来感あふれる車両」を目指し、東京メトロ南北線と東急目黒線への相互直通車両として、2000年から2001年までに6両編成10本、計60両が製造された。そして、定期入場検査業務は東京メトロに委託するためATO装置やワンマン運転対応は東京メトロ9000系と共通化を行った。

　車体は大形押出形材を使用したアルミ合金製で、外観の見栄え向上を図るため側構体の一部には摩擦攪拌溶接（FSW）を用いている。また、コストダウンを目標に側引戸はステンレス製にしたが、見た目もドア部分が良いアクセントとなっている。側面の窓下にはコーポレートカラーのブルーとグリーンの清潔

第14章　進歩する軽量ステンレス車両構体とインバータ制御方式

2000年度に開業した埼玉高速鉄道の自社車両は2000系。東京メトロ南北線に乗り入れることから、南北線9000系の技術を導入している
写真提供：河野美斗

感がある識別帯を貼っている。

　先頭車は乗務員室スペースを広くしたため中間車よりも660mm長く、先頭形状は貫通扉が垂直に立ち上がり直線的で力強い印象だが、大形フロントガラスに曲面ガラスを使いサイドには丸みを持たせている。前面窓周りは黒色で貫通扉窓下に埼玉高速鉄道ロゴマークを白色で「SR」を貼り、ライトの高さに側面と同じ帯がある。

　客室内は白色系の化粧板に妻部と袖仕切りは淡いパープル、床は石畳をイメージしたグレーで、座席の色はサクラソウをイメージしたピンクベースから、パープルを基調に花びら部のみピンクにした新モケットに変わっている。

　制御装置はIGBTを使用した2レベル方式のVVVFインバータでモーターを4台ずつ制御する1C4M方式。台車はモノリンク式ボルスタレス台車で、基礎ブレーキはユニット式片押し踏面ブレーキである。

6　徹底したバリアフリー化の世田谷線300系

　世田谷線を走る車両や乗降設備などは玉川線時代のままであった。しかし、時代は高齢化社会を迎えたため、老朽化した車両や設備の更新が大々的に行われることとなり、旧形式は全車廃車にしてバリアフリーに対応した車両の導入が決定した。1999（平成11）年7月11日に300系がデビューした。

　車体はセミステンレス。1編成2両3台車などの工夫で旧形式に比べ約4tの軽量化。制御装置はIGBTインバータで発電ブレーキ・回生ブレーキ併用によって省エネになった。300A車に制御装置、300B車に空気圧縮機と補助電源装

置がある。運転台はワンハンドル方式。車体幅は200mm拡幅して一人掛け座席の採用で通路が広く、床は全面がフラットで車両間移動がスムーズになった。更に、後部運転台に女性のアテンダントが乗車し、きめ細かい案内を行うこととなった。

　バリアフリー化に向けて2000 (平成12) 年4月から車両と施設の更新工事が開始され、設備ではホームの嵩上げ、スロープ設置、雨天時の円滑な乗降を目的にホーム全面に屋根設置工事が行われ、2001 (平成13) 年2月10日の終電後に全駅でホーム嵩上げ工事を開始。三軒茶屋ホームはあらかじめ織り込み済みで、コンクリートのホームをジャッキアップして所定の位置まで上げた。こうして一晩でホーム嵩上げは完成した。翌11日初電から全車300系の運用になった。車両床面高さは旧形式より30cm下げ、ホームは40cm嵩上げすることで車両とホームの段差は解消され、車椅子利用者は介助者なしでも全駅で乗降が可能になった。

　301〜306編成はホーム嵩上げ前に登場したため、一段の車内乗降ステップを設けて段差が大きかったが、ホーム嵩上げ後にステップは廃止した。307〜310編成は新製時からステップがないタイプである。2005 (平成17) 年には世田谷線乗務員全員が「サービス介助士」の資格を取得し、設備や車両のみでなく、そこで働く乗務員に対しても介助技術と心得面でのバリアフリー化を行ったことで、バリアフリー化推進功労者として「平成18年内閣府特命担当大臣賞」を受賞したことは素晴らしい。

玉電塗装の301編成はペコちゃんの愛称で親しまれたデハ200形の塗色をラッピングで再現。排障器の形状も再現するなど細部にもこだわっている　写真提供：河野美斗

15 JRとの共通設計車の登場

21世紀の東急の主力となった新5000系

田園都市線を行く新5000系。混雑緩和を目的に6扉車が組み込まれ大きな効果を発揮した　写真提供：河野美斗

1　新5000系・5050系・5080系

　当初は在来車を改修して使用する計画もあったが、新車は車体の軽量化、最新機器の搭載などで新車導入効果は大きい。しかし、8500系などの改修費用より新造費用は高いため、JR東日本と東急車輛が共同開発したE231系を基本に構体設計と部材の共通化を行い、新3000系より約3割のコストダウンが可能になった。

　また、改修費用より新造費用が高くなる分は、保守費用の減少と機器の高性能化・集約化による消費電力が8500系より約40％減少でき、20年程度で回収が可能であると判断され導入が決定した。

　田園都市線新5000系（以下5000系と表記）は5M5Tの10両編成で2002（平成14）年4月30日に登場。続いて、目黒線5080系が3M3Tの6両編成で2003

（平成15）年3月13日に、東横線5050系は4M4Tの8両編成で2004（平成16）年4月1日に登場した。

　車体は20m車の軽量ステンレス鋼製。側面は全面ビートレス外板で、途中からはE233系同様のリング構造を採用し、台枠や側ばりの部材を強化して衝突事故対策を行っている。車体断面形状は側構体をわずかに内側へ傾斜させることで、車体組立時の作業性が向上した。側窓下は赤帯、窓上は田園都市線がライトグリーン、目黒線はネイビーブルー、東横線はさくら色の識別線帯を貼っている。

　車体幅は5102編成以降と5080系は2778mm、5050系は2798mm。先頭車は運転室拡大のため車体長を5000系が20100mm、5080系と5050系は20200mmと長い。

　先頭形状は新幹線に用いる空力モデルを使って列車風対策を行い、9000系が時速80kmだと列車風は秒速17.6mだが、5000系は秒速13.5mと軽減している。前面はFRP一体成形品で、運転席側は運転士の視野拡大のためガラスは大きく、貫通扉は車掌台側に寄せた。運転席窓上に行先表示器、貫通扉上部に列車番号表示器と列車種別表示器があり、前照灯は丸形で上部両脇、尾灯は下部両端で風が流れに沿うような長方形。窓下に細い赤帯と運転席側にラインカラーと車体番号が記してある。

　運転台は左側に各計器類と列車無線操作器、中央に速度計、右にモニタ装置の5000系を基本として、5080系と5050系はワンマン運転対応のためドア開閉押ボタンと乗降促進ボタン、車上ITVがある。また、南北線と副都心線でのATO（自動列車運転装置）の出発ボタンがハンドル右側に2個ある。そして、運転台モニタのTIS（車両情報装置）は、機器の動作指令や動作確認、動作試験を行うことが出来る。また、機器回路は二重で故障に強い仕組みだが、故障時はリアルタイムでモニタに表示され即対応ができ、状態はICメモリーに記録され故障原因の追跡にも役立つ。

　保安装置は相互直通先に対応して、田園都市線5000系は新CS-ATCと東武ATS（自動列車停止装置）、5080系はCS-ATCとATO、東横線5050系と東横線5000系はATC-P・新CS-ATC、ATOと西武形と東武形ATS/ATC対応の一体型ATC-P/Sを装備している。

　制御装置は5000系と5050系は日立製、5080系は東芝製で3300V・1800AのIGBTを使用した2レベル方式のVVVFインバータで、モーターを4台ずつ制御

東横線用の5050系。8両固定編成で、東京メトロ副都心線・東武東上線・西武池袋線へ乗り入れるため、車体幅も異なることから、田園都市線用5000系とは別の形式名が付けられた　写真提供：古屋香織

する1C4M方式。さらに、時速0kmまで全電気ブレーキ制御を東急では初めて採用した。

　主電動機は3000系と同一で、定格出力190kWの三相交流かご形誘導電動機。補助電源装置はIGBTを使用したSIVで、容量は5000系と5050系は250kVA、5080系は制限制御で210kVAとして、電圧出力は三相交流440Vを編成中2台搭載している。集電装置はシングルアームパンタグラフで、10両編成は5台、8両編成は4台、6両編成は3台搭載している。

　台車は3000系と同一の軸梁式ボルスタレス台車。ブレーキ装置はHRDA方式で、回生ブレーキ利用率を高めるため電空共調演算機能により遅れ込め制御を行っている。さらに車輪フラット防止装置のABSを全車に搭載している。

　客室内の色彩は5000系が青、5080系はローズ、5050系は暖色でまとめている。側窓は厚さ5mmの熱線吸収・紫外線カットガラスで、固定窓とサッシュレス下降窓のユニット構造。窓枠はFRP製で途中からアルミ製になった。

　座席は片持ち式バケットシートで、5050系以降から座布団下にSバネが追加され座り心地が良くなった。また、着席定員の促進と手すりを兼ねたスタンションポールを取付け、ドア寄りには着席客を保護する大型袖仕切板もある。

　荷棚の高さは新3000系より20mm低い1690mm、吊手は一部に通常より100mm低いタイプ、途中から50mm低いタイプもある。ドア上部の鴨居には15インチと一部編成は17インチに交換した液晶ディスプレイを2台設置し、次駅案内、運行情報に動画広告など表示している。また、ドア開閉時にチャイム

5050系の10両固定編成が4000番代。4110編成は渋谷ヒカリエ開業1周年を記念し内装も特別仕様で、外観はゴールドの「Shibuya Hikarie号」になっている　写真提供：古屋香織

が鳴るが、途中から赤の点滅灯、側引戸の下に視認性向上板と戸先に黄色帯が追加されている。

　空調装置は集中式で温度、湿度、乗車率、着衣量、ドア開閉状態、走行区間、時間帯で自動補正され全自動運転ができる。室内の送風機にはラインデリアを使用し、座席下にはシーズワイヤー型ヒーターでオールシーズン室内環境を快適にできる。

2　4000番代を付番された増備車

　5000系は主力車として東急を代表する形式に成長。東横線に投入された10両編成には5050系4000番代として、2011（平成23）年から運転開始した。ドア上部の液晶ディスプレイを17インチに拡大、荷棚はアルミ板になり8両または10両編成で運用している。

　また、2013（平成25）年4月26日には楽しいラッピング編成「Shibuya Hikarie号」（4110編成）が登場。こちらは、「渋谷ヒカリエ」開業1周年のPR列車で、先頭前面はゴールドとブラックの塗装に「Shibuya Hikarie号」のヘッドマークを付けられている。側面の車端部には「渋谷ヒカリエ」の外観などの美しい柄になっている。客室の座席は背ずりを高くし、内装は号車で異なり、遊び心を表現し賑やかな空間などの3種類の車内が楽しめ、田園都市線でもイベントができるように車体幅は5000系と同じ2778mmである。

　2013年5月には、東急電鉄と総合車両製作所（元・東急車輛）が次世代ステンレス車両のブランドとして開発した「sustina（サスティナ）」が登場。試作車

として5576号車が製造され、東横線の5176編成に組み込まれている。

「sustina」は、軽量・高剛性・高強度・製作コスト低減・メンテナンス性の向上を目標に開発された次世代の車両で、台枠・屋根構体の材料や骨組みを適正配置化などで軽量化を実現させている。また、外板をレーザー溶接することで表面の凹凸が解消されている。客室は列車側面衝突など万が一の事態も想定し、手すりをリング構造の柱にすることで、側面から受けた強い力でも車内は潰れることから守られる。

3　桜木町駅の廃止と横浜高速鉄道との乗り入れ開始

横浜の臨海部に新しい路線を通す計画は古くからあった。現在のみなとみらい線は、1966（昭和41）年に横浜市の計画案として可決した「市営地下鉄3号線北幸町（現・横浜）から関内を経由し本牧方面へ向かうルート」をベースとしている。当時は、緊急整備路線として本牧方面を優先的に整備する計画であり、1976（昭和51）年に開業した関内は、1号線と3号線が同一階で乗り換えが出来る2層構造の1面2線で建設された。ところが、関内から本牧方面まで鉄道工事を行うと周辺道路が渋滞を起こし、港湾からのトラックによる貨物輸送に影響が出る理由から着工は延期された。

だが、横浜市は、1965（昭和40）年に6大事業の一つに都心部強化事業を発表しており、1979（昭和54）年に「横浜市都心臨海部総合整備計画」の基本構想を発表、1981（昭和56）年には鉄道建設が盛り込まれ、みなとみらい21線の計画が本格的に動き出した。さらに国鉄は、横浜線の列車を東神奈川からみなとみらい21線に直通運転する計画も立案された。しかし、国鉄は根岸線と競合路線になることで生じる採算性の問題や、国鉄の財政難が重なり計画は中止になった。

そのため、横浜市は1987（昭和62）年に、東急電鉄に東横線との相互直通運転を申し入れた。その結果、東横線は横浜〜桜木町間を廃止し、反町駅と横浜駅を地下化して、横浜駅でみなとみらい21線と相互直通運転させることが決定した。これは当時の横田二郎社長の英断によって実現をみた。

1989（平成元）年3月29日に第三セクターの横浜高速鉄道株式会社を設立し、1992（平成4）年11月から建設が開始された。同社はJR東日本E231系と5000系を基本とした新型車両Y500系を8両編成6本を所有し、車両検査業務・乗務員・駅業務などの運行管理は東急に委託する。2003（平成15）年7月

に路線名は「みなとみらい線」に決まった。そして、地下線内での試運転開始に伴い、長津田車両工場から東白楽の横浜寄りに設置された車両搬入用の仮線路まで8両編成のY516編成と9008編成を深夜に陸上輸送した。

　2004 (平成16) 年1月30日の終電をもって、反町から桜木町間の地上駅は営業終了した。地下化切替工事は、桜木町からの最終回送通過直後に東白楽から反町間で一斉に作業が開始され、先ほどまで電車が走っていた地上線の東白楽と反町の中間で線路を切断して18台の大型クレーンで線路桁の撤去や、地上区間だった線路を降下させ、既に敷設してある地下トンネルへの線路と繋げるなど、作業は始発までの約3時間で行われ無事に終了した。こうして1月31日に反町と横浜は地下駅になり、地上に残った高島町と桜木町は廃止となった。

　みなとみらい線開業で臨海部は賑やかになる一方、東横線桜木町駅廃止によって地域への人の流れが変わる影響も大きいことから、野毛地区の地域振興策として1984 (昭和59) 年に野毛祭、1986 (昭和61) 年からは野毛大道芸の開催。さらに、野毛地区とJR桜木町駅を結ぶ「野毛ちかみち」を整備し地下鉄への乗り換えも便利になった。2002 (平成14) 年には横浜中税務署跡地に横浜にぎわい座が開場するなどして地域を盛り上げている。

　みなとみらい事業の効果として、2014 (平成26) 年の来街者数は年間7600万人、就業人口は9万8千人と年々増加しており、横浜市内への経済波及効果は大きくなっている。さらに、みなとみらい線は2013 (平成25) 年3月から東京メトロ副都心線、東武東上線、西武池袋線への相互直通運転を開始し、埼玉

横浜高速鉄道みなとみらい線は2004年に開業。同時に5000系に準じたY500系を導入し、東急の車両と共通運用が組まれている　写真提供：河野孝司

みなとみらい線の終点である元町・中華街駅は、駅名の通り元町商店街寄りと中華街寄りに地下駅からの出入口が設けられている。写真は元町商店街寄りの出口で、2階以上に横浜高速鉄道の本社が入居する　写真提供：平賀尉哲

第15章　21世紀の東急の主力となった新5000系

旧3000系列が東横線を運行していた時代の桜木町駅。みなとみらい線開業とともに横浜～桜木町間は廃止され、高架の廃線跡は遊歩道になる予定。左のホームは国鉄根岸線　写真提供：東急電鉄

方面からの来街者も増えている。

　そして、みなとみらい線の開業によって幻となった地下鉄3号線本牧方面計画は、現在でも地下鉄関内駅ホームの2層構造や車両留置線、本牧方面用の1番線と2番線は欠番のままなど、当時の計画の名残を見ることができる。

4　横浜高速鉄道Y500系

　横浜高速鉄道株式会社は、横浜市・神奈川県・東急電鉄などが出資した第三セクター方式の鉄道会社で、1989（平成元）年3月29日に設立された。2004（平成16）年2月1日に横浜～元町・中華街間4.1kmが開業した。

　みなとみらい21線開業に伴い、横浜高速鉄道保有車両として4M4Tの8両編成6本が製造され、運行・整備は東急が行う。形式は横浜高速鉄道の「Y」と、10の位は5000系10両編成と形式を合わせている。

　車体は軽量ステンレス鋼製の20m車で、快適な移動空間の提供と環境への優しさを目指しJR東日本E231系と5000系を基本にしている。車体幅は5000系と同じ2778mm、運転室は拡大され車体長は20200mmと中間車より長い。先頭形状は駅通過時の列車風を低減させた形状で、FRP全体をメタリックブルーで塗装し、貫通扉にはみなとみらい21線の「M」マークを付けていて、新5000系とはイメージが異なる仕上がりとなった。

　側面の車端部は大きくウエーブした模様に「躍動感のある都市」をイメージしたイエローと「ヨコハマの海」のブルーをグラデーションで表現し、横浜ス

地上線時代の渋谷〜代官山間を行くY500系。副都心線を介して東武東上線や西武池袋線にも乗り入れる　写真提供：古屋香織

カーブも描かれている。そして、屋根は一面ブルーで、先頭車の先端には2本のイエロー帯がデザインされている。

　客室設備は5000系と同一だが、お洒落な横浜を感じるライラック系でまとめ、座席柄は横浜スカーフから採り入れた船の操舵輪などが描かれている。

　運転台は乗り入れ先のワンマン運転に対応し、ドア開閉押ボタンと乗降促進ボタン、車上ITV、ATO運転出発ボタンがある。保安装置は東急のATC-P、東京メトロのATO、西武形と東武形のATS/ATCに対応した一体型ATC-P/Sを装備している。

　制御装置は3300V・1800AのIGBTを使用した2レベル方式のVVVFインバータで、4台の主電動機を制御する1C4M方式で、全電気ブレーキ制御も行える。主電動機は定格出力190kWの三相交流かご形誘導電動機である。ブレーキ装置はHRDA方式で、回生ブレーキ利用率を高めている。

　台車には軸梁式のボルスタレス台車が採用されている。空調装置は集中式で自動運転ができ、客室天井には送風機のラインデリアを設置している。

Y500系の運転台。共通設計車である東急5050系と同一の仕様となっている　写真提供：河野美斗

Y500系の座席は操舵輪やランプが描かれた横浜スカーフがデザインされている　写真提供：古屋香織

16 半蔵門線全通で激変する田園都市線風景

新時代の田園都市線の電車たち

長らく田園都市線の主力として活躍している8500系。写真背面に写るのは東名横浜青葉インターで、この界隈も田園都市線の開業により開発が劇的に進んだ地域である　写真提供：古屋香織

1　半蔵門線の全線開通

　田園都市線と相互乗り入れを行う東京メトロの半蔵門線は、渋谷〜押上間14駅を16.8kmで結ぶ路線で、全区間が地下である。1978 (昭和53) 年8月1日に渋谷〜青山一丁目間が開業、その後、永田町、半蔵門、三越前、水天宮前と順次延伸されている。当初は快速が田園都市線長津田、各停が新玉川線二子玉川園 (現・二子玉川) で折り返し運転を行っていた。

　1984 (昭和59) 年4月9日から田園都市線中央林間までの相互直通運転を開始。半蔵門線〜新玉川線〜田園都市線が一本の路線として機能するようになった。

　さらに、2003 (平成15) 年3月19日には水天宮前〜押上間が延伸されるとともに、東武伊勢崎線・日光線の南栗橋まで相互直通運転を開始した。これにより中央林間から南栗橋間が一本で結ばれ、その運行距離は98.5kmと東京メトロを介する列車としては最も長距離の運用となった。2006 (平成18) 年3月18日からは東武伊勢崎線久喜まで運用開始されているが、こちらも運行距離

94.8kmと長い。

　半蔵門線は当初車両を持たなかったが、8000系が登場した際に、田園都市線鷺沼駅の渋谷寄りに鷺沼検車区と鷺沼工場が設置されている。半蔵門線は全て10両編成で、東京メトロは8000系・08系。東急は8500系・8590系・2000系・5000系。東武は30000系・50050系が活躍中である。

　半蔵門線押上開業と東武直通運転に際し、2003（平成15）年3月29日に東急・営団・東武の「3社直通運転記念号」が運転され、往路は中央林間10時17分発、半蔵門線内は各駅に停車、東武日光14時7分、鬼怒川温泉14時21分に到着し、観光アピールも行った。

　3社での合同企画として2005（平成17）年から2010（平成22）年にかけて、大型連休のみ中央林間〜太田間で「フラワーエクスプレス」号が運行された。

2　田園都市線を走る電車①　東京メトロ08系

　東京メトロ08系は、2003年3月19日に半蔵門線押上延伸と東武線直通運転開始に合わせて5M5Tの10両編成6本が新製された。

　制御装置はIGBT素子による2レベルのVVVFインバータ・1C4M方式である。

　車体はアルミニウム合金製でダブルスキン構造、車体強度は増した。また、列車衝突事故も想定し、妻面の隅柱を三角状とし、相手の車体側面にめり込むのを防ぐ。外板は摩擦攪拌接合（FSW）で溶接部が目立たない様になり見付けが向上した。先頭形状は曲線的で前面は下部の紫帯からサイドの三角形ライトケースと窓上を結ぶと全体で八角形になる。側面の窓下には濃淡の紫と白の帯を貼っている。

　車内は白を基調とし、座席は片持ち式バケットシートで1人当り450mm、モケットは江戸紫をイメージした青みがかった紫色。各ドア上にはLED式案内

半蔵門線の08系は押上延伸とともに登場した。東西線新05系に準じた設計で、10両編成6本が鷺沼検車区に配置されている　写真提供：河野美斗

東武伊勢崎線の30000系は6+4両編成で、伊勢崎線から東上線への転籍が行われ、田園都市線と半蔵門線への乗り入れは2本のみになった　写真提供：河野美斗

表示器があり、ドア開閉時にはドアチャイムが鳴る。乗務員室の居住性空間が拡大され、運転台はT字形ワンハンドルマスコンで右側には車両情報管理装置（TIS）を搭載している。

3　田園都市線を走る電車②　東武30000系

　東武30000系は半蔵門線・田園都市線への直通対応車として150両が製造され、当初は伊勢崎線などの地上区間専用として1997（平成9）年3月25日から営業運転を開始。2003年3月19日からは6両と4両を連結して10両編成で、半蔵門線・田園都市線への乗り入れを開始した。

　車体は軽量ステンレス鋼製で窓下にはロイヤルマルーン色の帯を貼っている。前面はFRPの成形品で、併結運転時に車間移動が可能になる正面貫通式、前照灯は東武初のHIDを採用。客室は白を基調とし、座席は1人当り455mm、ロングシートで後期はバケットシート、モケットと袖仕切りはブルーである。

　制御装置は東武初のIGBT素子を使用した3レベルのVVVFインバータで1C4M方式である。

　運転台はT字形ワンハンドルマスコン、車両情報制御装置、定速運転機能など東武で初めて採用している。2006（平成18）年から50050系の導入により徐々に伊勢崎線や東武東上線への転籍車がある。

　記念列車としては田園都市線・半蔵門線への直通運転開始を記念して「三社直通運転記念号」では4両は鬼怒川温泉行、6両は東武日光行として運転した。2005年から2010年までの大型連休には中央林間から館林の間で「フラワーエクスプレス」として、太田から館林間のみ6両で運転した。

4　田園都市線を走る電車③　東武50050系

　東武50050系は、半蔵門線・田園都市線直通用として2006年3月18日から営業運転を開始し、5M5Tの10両編成18本が製造された。

　車体はアルミニウム合金製のダブルスキン構造で摩擦撹拌接合（FSW）を採用して見付けが向上した。製造は日立製作所の「A-train」鉄道車両製作システムにて構体と内装を別々に製作できるモジュール工法により、組み立てコスト削減を実現した。また、万一の衝突事故時に安全性を向上させるため妻面の隅柱は三角形である。前面は普通鋼で成形されたパネルを構体とボルトで固定し窓下はシャイニーオレンジ色で塗装している。貫通扉は車掌台側にするこ

東武50000系列は東武初のアルミ車体、50050系は10両固定編成で、田園都市線と半蔵門線乗り入れ対応車として30000系に代わって導入が進められている　写真提供：河野美斗

とで運転席側の前面ガラスは大きくなった。

　車内は白を基調に、座席は一人当たり460mmでモケットは初期車が藤の花を表現したウィステリアパープル、後期車はSバネを採用したバケットシートになり、モケットはキュービックブルーである。側窓はドア間を大形1枚固定窓から下段を固定し上段は開閉ができるタイプに改良。後期車は新製時から2連の下降式のユニット窓である。ドアエンジンはメンテナンスが低減できる東武初の電動モーター駆動方式を採用。

　運転台はT字形ワンハンドルマスコン。制御装置はIGBT素子を使用したベクトル制御2レベルのVVVFインバータで1C4M方式、全電気ブレーキ方式を採用している。

5　6扉車の導入とその効果

　田園都市線は朝ラッシュ時の混雑緩和対策として、1991（平成3）年3月16日より多現示方式・1段ブレーキ制御を行う新CS-ATCを導入し、運転間隔は2分5秒となっていた。しかし、渋谷駅は1面2線のため先行列車が発車しない限り後続列車は入線できないため、慢性的に遅延が発生する原因の1つになっていた。そこで東急はJRと同じ仕様の6扉車を採用した。

　効果としては乗降時間の短縮によって列車の発車遅れ防止と座席格納で床面積が増える分、乗客一人当たりのスペース拡大からの混雑感軽減である。

　車体はJR東日本の6扉車を基本にしたため、ドアピッチや側窓の配置はJR車と同じだが、車体幅は5000系に合わせ、側構体も台枠から雨どいまで僅かに内側に傾けている。

　室内は通路にクッション材を巻付けたスタンションポール設置と、どの位置に立っていても掴めるよう、吊手を多く配置してある。荷棚は側窓枠より高い

位置に設置し、初期車は側窓幅に合わせた長さで後期車は戸袋まで長くなっている。座席下はヒーター設置スペースが小さいため床暖房にするなど、基本的にはJRと同じ仕様である。

側引戸の客室内側はステンレス板から後期車になると化粧板が貼られ、戸先の黄色い視認性向上テープも化粧板に印刷されている。側引戸上部には15

2005年には5000系に6扉車が登場。混雑時には座席を収納できる構造として輸送力の増強を果たしている　写真提供：河野美斗

インチの液晶ディスプレイが2台とドア開閉時のチャイム、後期車は赤点滅のランプが付いている。また、[6DOORS]ステッカーは田園都市線ラインカラーにJRと同じザインを先頭車前面と6扉車入口上部に示してある。

6扉車は5号車と8号車に組み込み、2005（平成17）年2月14日から長津田7時25分発・急行・東武動物公園行きから試験運用が開始された。座席は始発駅から半蔵門線半蔵門まで格納され、車掌のロック解除により座席は使用可能となる。6扉車は順次導入され、渋谷駅に7時31分～8時40分に到着する急行と準急に6扉車を2両組み込み、4扉車と比較すると乗降時間は約3秒短縮された。

2009（平成21）年4月1日からは副都心線との連絡階段付近となる4号車にも組込みを開始、同年12月までに10両編成中3両が6扉車になった。

2015（平成27）年8月現在は5104F～5117F・5120Fに3両組み込まれ、計45両が活躍しているが、田園都市線は2020（平成32）年を目標に全駅に可動式ホームドアの設置を計画している。そして、ドア位置を揃えるため6扉車45両は4扉車へ置き換える予定で、従来のホームドア設置計画より10年以上短縮される。

6　オレンジ基調の新型車両　新6000系

2008（平成20）年3月28日、大井町線の急行専用として新6000系が登場。3M3Tの6両編成で6本が製造された。かつての6000系と区別するため、車両を管理する現場では新6000系またはN6000系と呼称されている。本書では6000系と表記する。

車体は5000系を基本にした軽量ステンレス鋼製の20m車で、先頭部はFRP

大井町線の急行用に導入された6000系。6両編成6本が製造された。基本運用は大井町〜溝の口間だが、夜間に鷺沼駅・長津田駅まで、土休日には中央林間駅まで延長される　写真提供：河野美斗

　一体成形品で、列車風圧シミュレーションを行い先鋭的な形状として、駅通過時の列車風を低減している。また、流線形になったことで車体長が20435mmと東急電車の中では一番長い。前照灯は上段と尾灯は下段で重ねた一体化、運転席側上部にフルカラーLEDの列車種別表示と行先表示を大型化して視認性が向上している。

　側面は全体をベルトグラインド加工にすることで光沢があり、そこに先頭形状を横から見た流線形状を、ラインカラーのオレンジでシンボル化して、スピード感が溢れる動画パターンで表している。東急のコーポレートカラーの赤帯を側窓上に貼り、屋根全体を赤で塗装して東急カラーを強調している。

　乗務員室は光の反射を抑えるためグレー系でまとめ、運転台は5000系に準じた機器配置で、ワンハンドルマスコンと速度計、車両情報装置のモニタなど、他社線への乗り入れがないためスッキリしている。

　客室はアイボリーホワイトの化粧板に妻面は木目調で落ち着きと清潔感のある空間になっている。座席は片持ち式のバケットシートで、一人あたりの幅を5000系より10mm拡大して460mm、座布団下にSバネが入り座り心地が良くなった。スタンションポールは座面前縁より100mm通路側にR状に張出すことで、立っている時は掴まりやすく、座席から立ち上がる時も掴まりやすい形状になっている。

　荷棚は3000系より20mm低くなり、吊手は人間工学面で掴み易さが実証済みの、一般部より50mm下げたタイプもある。さらに、車椅子スペースには簡

第16章　新時代の田園都市線の電車たち

6000系の側面。先頭の流線形状を真横から見た「くの字」状のデザインを、側窓部にも大胆なパターンでデザインしている　写真提供：古屋香織

座席はラインカラーのオレンジと白を基調とした明るいモケットを採用。客室には、随所にユニバーサルデザインを採り入れている　写真提供：古屋香織

易的に腰掛もできる二段手すりになるなど、6000系は見事にユニバーサルデザインを取り入れている。

側窓はバランサー付のサッシュレス1枚下降窓と固定窓のユニット構造。側引戸の客室側は化粧板となり、戸先には黄色の視認性向上テープが付いた。客室各ドア上部には15インチ液晶ディスプレイが2台あり、次駅などの旅客案内と動画広告などを表示している。また、ドア開閉時はチャイムを鳴らし、鴨居部には赤色で点滅する開閉知らせ灯もある。

制御方式は三相電圧形パルス幅変調（PWM）方式のVVVFインバーターで、3300V-1800AのIGBT素子を使用した2レベル方式で、4台の主電動機を制御する1C4M方式。素子の冷却には純水を使用したヒートパイプ方式で環境に配慮している。

主電動機は三相交流かご形誘導電動機で、定格出力190kWである。ブレーキ装置は回生ブレーキ併用デジタル指令-アナログ変換式電磁直通ブレーキで、電空協調演算機能により回生ブレーキを優先し、回生利用率を高めている。

補助電源装置はIGBT素子を使用したSIVで、M2車とT車に搭載している。

保安装置は、本形式が他社との相互直通運転を行わないので、ATC-Pのみである。

台車はボルスタレス台車で軸梁式軸箱支持、防音車輪を採用したことで車輪からのキシリ音の低減が図られ、基礎ブレーキ装置はユニットブレーキで応答性の向上と軽量化を達成した。

集電装置はシングルアーム式パンタグラフにすることで、着雪による離線のリスクを低減している。

空調装置は集中式で、冷房・暖房・除湿・送風は全自動制御機能にて運転を行い、空気清浄機能を備えている。

3　グリーン基調の新型車両　新7000系

東急多摩川線・池上線でのエリア戦略コンセプトとして、「人と環境に優しい車両」と「故障に強い車両」を目指し、2007（平成19）年12月25日に3両編成でデビューした。新6000系と同様、かつての7000系と区別するために、「新」をつけてご紹介する（以下7000系と表記）。

車体は軽量ステンレス鋼製で、3扉の18m車。先頭車は運転室を広くしたため中間車より100mm長い。先頭形状はFRP一体成形で、全体にやわらかで優美な曲線を取り入れた流線形。前照灯は丸形HIDライトを窓上両サイド、尾灯はたまご型LED式ライトを窓下両サイドに。貫通扉は車掌台側に寄せ、前面は大きなガラスで運転席からの視野が拡大している。

乗務員室はワンマン運転対応で、ワンハンドルマスコンの正面に速度計、右側に車両情報装置と列車無線操作器、左右にドア開閉スイッチ、左側にホーム監視モニタが2画面セットされている。

カラーリングは沿線景観に合わせた緑を基調とした濃淡のグリーンとアクセントにゴールドを使い、屋根全体は濃いグリーン、側面は3両連結すると大きなグリーンウェーブ柄である。

客室の側壁・側天井・側引戸は明るい木目、窓枠とドア上の鴨居は木目と同系色で塗装して、空調ダクト部分は白で、車内は落ち着いた居心地のよい空間となっている。

側窓は熱線吸収・紫外線・赤外線カットガラスでサッシュレス1枚下降窓

7000系の車内。座席生地は座面が青、背もたれが緑とし、大型の袖仕切りを配した　写真提供：河野美斗

車端部はボックスシート。右側が1脚なのは、ベビーカーを止めるスペース確保のため　写真提供：河野美斗

第 16 章　新時代の田園都市線の電車たち

池上線・東急多摩川線用の7000系。大井町線6000系ほど鋭くないくさび形の正面で、車体色を緑系とした。他線からの転属車や改造車が多かった同線にとって、待望の新型車両だ　写真提供：河野美斗

と車端部は固定窓である。座席は片持ち式のバケットシートで一人あたり460mm、モケットは背ずりを竹をイメージした柄でグリーン、座布団は鮮やかなブルーで、スタンションポールを9人掛けは3人ずつ、4人掛けは2人ずつに区切って設置。中間車の車端部には3人掛けのセミクロスシートがあり、1人掛け横にベビーカーを止めることで赤ちゃんと隣り合わせで座ることもできる。

　車椅子スペースはベビーカーとの共有スペースとして2段手すりを採用、上段は通常の手すりとして利用できる高さ950mmで、立ったまま子どもを抱っこしていても肘を手すりに掛けて腕を休めることもできる。下段はクッション材を巻付けて高さを700mmにすることで簡易腰掛としても利用でき、さらに下段を掴まりながらしゃがめば、安全にベビーカーに座る子どもと同じ目線の高さで話しかけられる。また、ベビーカーを折り畳んで固定するにも便利な手すりである。

　荷棚は3000系より20mm低くし、吊手は一般部を床面から1630mmで、一部には50mm低いタイプも配置して掴まりやすくなっている。ドア上の鴨居には15インチ液晶ディスプレイを2台設置、ドア開閉時はチャイム音と赤色点滅の表示灯もある。

　3000系以降のMT比は1：1だが、駅間距離が短く加減速が頻繁に行われる区間のため粘着性能確保で2M1Tとなった。

　主制御器はVVVFインバーターとSIV（補助電源装置）が一体型のデュアル

177

モードシステムを採用。IGBT素子による2レベル方式で1C4M方式が2群での構成で、1群に1台の高速遮断器（HSBC）があるため1群と2群は完全に独立している。そのため他群が故障しても健全群のみで制御が行えるため、故障時も自力走行を可能にしている。

SIVは容量150kVA・定格3300V・800Aで、搭載は1台のため故障時は2群構成のVVVFインバーター制御装置を切替え、SIVとして使用可能にして冗長化を図っている。主電動機は定格出力190kW、駆動装置は中実軸平行カルダンTD継手・CFRPたわみ板式である。

台車はボルスタレス台車で軸梁式軸箱支持。基礎ブレーキは軽量化とブレーキ応答性を向上させるため全車ユニットブレーキである。

集電装置はシングルアーム式パンタグラフをM車に2台搭載し、運転台モニタで上昇確認が行えるパンタ上昇検知装置を東急で初めて搭載した。

保安装置は東急形ATS装置と定位置停止支援装置（TASC）にATC-P装置を装備。

ブレーキ装置は回生ブレーキ併用デジタル指令-アナログ変換式電磁直通ブレーキで、遅れ込め制御により回生ブレーキ利用率を高め。ブレーキ受量器は各車で独立搭載のため、1台のブレーキ装置が故障しても、他の車両がブレーキ力を負担する。また、フラット防止装置（ABS）を全車に搭載した。

空調装置は集中式で全自動運転が行え、空気清浄機が付いている。

行先表示器は明るくて見やすい白色LEDが初期装備されている
写真提供：河野美斗

車体長18mで3扉車の7000系は、扉間のロングシートが9人掛け。3+3+3人に定員着席できるよう、スタンションポールを2本設置している　写真提供：河野美斗

7000系はワンマン運転に対応しており、運転士が乗降を確認するITVは速度計の左側に2画面ある　写真提供：河野美斗

17 東横線にも訪れた新しい波
渋谷駅地下化と5社相互直通運転の開始

地上時代の渋谷駅。かまぼこ屋根が印象深かったが、廃止からほどなくして解体された　写真提供：高橋茂仁

5社相互直通運転開始の記念祝典。挨拶するのは東急電鉄の野本社長　写真提供：高橋茂仁

1　東横線 渋谷駅地下化工事の様子

　副都心線の計画は1999（平成11）年1月に営団地下鉄（現・東京メトロ）が渋谷から池袋間で第1種鉄道事業免許を取得したことに始まった。この路線は明治通りの直下に建設され、池袋・新宿・渋谷への移動がスムーズになり、山手線や既設ターミナルの混雑緩和と地域の活性化が目録まれた。

　2002（平成14）年2月には都市計画変更に伴い、東横線との相互直通運転が決定。地上2階の渋谷駅を廃止し、渋谷〜代官山間を地下化。更に地下の渋谷駅は1面2線から2面4線に変更した。

　2013（平成25）年3月15日の終電をもって、地上渋谷駅は85年の歴史に幕を下ろした。

　地下化切り替え工事は代官山駅から渋谷第一踏切の273mの区間で、下り最終電車通過直後の午前1時から約1200人で作業開始。東急建設が開発したSTRUM（ストラム）工法で、まず代官山駅構内から渋谷駅に向かって線路と砂利を同時に降下させ下り勾配が始まる。その先は地上用だった線路桁をそのままジャッキで下げて地下用レールと繋げる降下区間。次は古いレールを短

自動改札機が導入される前の渋谷駅。団体客は駅員詰め所脇の通路を利用した

初代5000系のトップナンバーは、ハチ公広場の電車モニュメントになった（渋谷区管理）　写真提供：平賀尉哲

地上時代の東横線の渋谷駅。首都圏を代表するターミナルとして機能してきた。かまぼこ形の屋根が印象的だった　写真提供：古屋香織

く切断し線路桁のまま大型クレーンで撤去すると、真下には新しいレールが現れる撤去区間。そして、住宅が密集してクレーンが設置できない場所は、油圧ジャッキで地上線だった線路桁を真上に持ち上げ、電車が通れるスペースを確保する打上区間など、全体で6ブロックに区切り行われた。そして、投光器の光の中での綿密な計画に合わせて多勢の作業者が一体となって、地下への線路が一夜にして出来上がり、開始から3時間半後の午前4時53分に上り、次いで下り試運転列車が代官山駅に到着、切り替え工事は無事に終了した。

　役目を終えた地上の渋谷駅は、東急電鉄野本社長の「すぐ解体してしまうのはもったいない、渋谷駅利用者へ感謝の心を示すことはできないか」の発言から、2013（平成25）年3月26日から5月6日まで、駅舎跡地を利用した約200坪で2000人収容可能な「SHIBUYA ekiato」スペースとしてライブ等の催物が開催された。線路に降りてバラストを拾うイベントが実施されるとともに、実際に渋谷駅で使用された駅銘板なども販売された。

　東横線と副都心線の相互直通後、ともに輸送人員は予想通り増加。埼玉方面から横浜みなとみらい地区への観光と東急線から東武線と西武線へのフリー切符も発売され、それぞれの地域活性化効果も出ている。そして、山手線

東京メトロ7000系はもともと有楽町線用の車両だったが、副都心線対応と東急東横線へ乗り入れに合わせて改造が施された。対応改造後は副都心線のラインカラーであるブラウンと白の帯を追加した　写真提供：河野美斗

営団地下鉄が東京メトロとなって初めて製造された10000系。日立製作所のアルミ製オールダブルスキン構造車体の「A-train」の一環で、丸い滑らかな先頭部は、その後の東京メトロ新製車に影響を与えた　写真提供：河野美斗

既設駅の混雑も緩和された。

現在の渋谷は2027（平成39）年の完成を目標に再開発が行われており、JR線は2面4線、銀座線は1面2線になり、地下駅と地上駅の乗り換えも良くなる。また、高層ビル建設と駅を囲むように歩行者デッキの整備。更に渋谷川は清流復活水の活用で緑と水辺のプロムナードに生まれ変わる。

2　東横線を走る電車①　東京メトロ7000系

東京メトロの7000系は、千代田線6000系を基本に設計され有楽町線用として1974（昭和49）年に登場、10両編成34本製造。

車体はアルミニウム合金製。制御装置は6000系より省エネになったAVF式チョッパ制御であった。

側窓は初期車の2段窓を1枚下降窓に、内装や走り装置の大規模な更新工事を行い、現在の制御装置はIGBT素子のVVVFインバータになった。

保安装置はATC、ATO、東武と西武のATSを搭載。また、インドネシアへはチョッパ制御のまま10両編成4本が譲渡された。

3　東横線を走る電車②　東京メトロ10000系

副都心線開業と7000系置き換えのため2006（平成18）年9月に登場、10両編成36本製造。日立の「A-train」製作システムで製造され、車体はアルミニウム合金製オールダブルスキン構造で在来車より軽量化され車体強度を向上させた。また、火災対策も強化している。

先頭部は未来的なイメージで全体に丸い形状。副都心線での8両運転に対応するため、中間2両の抜き取りも可能である。

西武鉄道唯一のステンレス車体の6000系。地下鉄直通対応が施されている。「黄色い電車」のイメージを払拭した　写真提供：河野美斗

6000系6152編成は西武の前進である武蔵野鉄道開業から100周年を記念して、黄色のラッピングが施され話題となった

東上線から乗り入れてくる東武9000系。10両固定編成で、軽量ステンレス車体、界磁チョッパ制御、回生ブレーキ併用全電気指令式電磁直通ブレーキを装備している　写真提供：池田拓也

有楽町新線（現・副都心線）開業にともなう輸送力増強のために投入された東武9050系。9000系のマイナーチェンジ車で、制御装置がGTOサイリスタ素子のVVVFインバータ制御に変更された　写真提供：池田拓也

　車内は空調ダクトを側天井内に設置し、ラインデリアを枕木方向にすることで、在来車より高い天井が特徴。

　制御装置はIGBT素子のVVVFインバータ・1C4M1群/2群制御方式で、10両は5M5T、8両は4M4Tである。台車は旋回剛性が低く、輪重調整が容易に行えるボルスタ台車になった。保安装置は7000系と同じである。

4　東横線を走る電車③　西武6000系

　西武6000系は有楽町線への乗り入れを前提として設計された車両である。初期車は東急車輛設計のステンレス鋼製で1991（平成3）年に登場、前面はFRP成形品。1996（平成8）年からは日立製となり、大形押出形材を使用したアルミニウム合金製。前面はアルミ削り出し品、塗装はシルバーメタリックで登場。その後、製造時の工数削減と軽量化のため1997（平成9）年度以降は側面戸袋窓は廃止した。

　台車は西武初のボルスタレスを採用。

　制御装置はGTO素子のVVVFインバータ・1C8M制御方式で、MT比は6M4Tである。10両編成25本製造され23本が東京メトロと東急の保安装置を搭載、

第 17 章 渋谷駅地下化と 5 社相互直通運転の開始

東武50070系は50000系列だが、東京メトロ副都心線・東急東横線乗り入れ対応としたことから形式番号が変更された。先頭車の車体長が20130mmに延長され、地下鉄直通に対応するため運転台のレイアウトが変更された　(東武東上線内で撮影)

前面の塗装は白とブルー帯になった。

5　東横線を走る電車④　東武鉄道9000系・9050系

　東急8090系の設計を基本にした軽量ステンレス鋼製だが、アルナ工機と富士重工業は軽量ステンレス車両を初めて製造するため、外板加工と組み立てを行いやすいコルゲート外板で1981(昭和56)年に登場。後半はビート加工外板になった。10両編成8本製造され7本が東京メトロと東急の保安装置を搭載。MT比は6M4T。

　制御装置は東洋電機のAFE(自動界磁励磁)式主回路チョッパ制御。

　9050系は1994(平成6年)12月に登場。制御装置はGTO素子のVVVFインバータになり、10両編成2本製造されている。

6　東横線を走る電車⑤　東武50070系

　50050系を基本に副都心線と東横線に乗り入れ対応した車両として2007(平成19)年7月に登場、10両編成7本製造。車体は日立の「A-train」システムで製造したアルミニウム合金製で、ダブルスキン構造にすることで衝突事故時の安全性が向上している。先頭車はホームドアに対応させるため50050系より130mm長くなった。

　制御装置は2レベルIGBT素子のVVVFインバータ制御 で1C4M1群/2群制御方式、MT比は5M5Tである。

7　総合検測車「TOQ i」の登場

　東急では、軌道の状態についてデータを収集する専用車両として、総合検

測車を投入している。長らく、東急唯一のアルミ車だったデヤ7200形とデヤ7290形は、1967（昭和42）年製と古く、陳腐化による引退が決定した。

そのため、次世代検測車導入には営業車の改造を検討したが、運転台、架線観測ドーム、パンタグラフなどの新設で、改造には大きな手間が掛かる。また、検測車は営業車両よりも長期的に使用されるので、生涯コストを考えると新造車の方が有利との判断されて、新形式のデヤ7500形動力車とデヤ7550形電気検測車を新製し、2012（平成24）年5月から運用を開始した。

愛称は東急と掛けた「TOQ」と検測を意味する「inspect」の頭文字「i」＝「eye」「愛」を合わせて「TOQ i（トークアイ）」に決定した。TOQ iのロゴは、「技術」の象徴としてボルトとナットをモチーフにデザインされている。カラーリングはコーポレートカラーの赤色。精密をイメージした青色。電気をイメージした黄色を流れるシャープな形状で帯がデザインされ、現代の検測車にふさわしい「先進性」「安心感」「スピード感」「躍動感」を表現している。

車体は軽量ステンレス鋼製の18m車で、新たな試みで一部はレーザー溶接で密閉性を向上させてコーキング材を不要にしている。側引戸は事業用車のため必要最小限の片側1扉の手動式。前照灯は東急初の1チップLEDで、

ATCにも対応している「TOQ i」の運転台
写真提供：古屋香織

「TOQ i」は2012年に登場した総合検測車。軌道検測車サヤ7590形を中間に挟んで、架線と軌道を同時に検測できる　写真提供：河野美斗

第 17 章　渋谷駅地下化と 5 社相互直通運転の開始

「TOQi」の観測ドーム。走行中にトロリ線やパンタグラフの状況を観測することができるよう、観測者の座席は高い位置に設置されている　写真提供：古屋香織

従来のシールドビーム式より照度は上がり、HID式より省電力となったが、現在はLED灯に交換された。

　TOQ iは18m車と短い車両に検測装置や走り装置が沢山搭載され、床下に設置するスペースがないためATC-P装置とATC増幅器、情報伝送装置は車内に置かれている。制御装置はIGBT-VVVFインバータ・3レベル方式、SIVと一体型で3群構成され、通常VVVFは2群とSIVは1群として使用するが、SIVが故障した時は、VVVFの1群を切替えSIVとして使用が出来るデュアルモードタイプを採用し、冗長性を確保している。

　主電動機は東急初の全閉式の三相交流かご形誘導電動機を採用して、主電動機単体で従来より約9dB程度の騒音低減に成功した。集電装置はシングルアーム式パンタグラフを各車2台搭載して、デヤ7550形の下り方は検測用も兼ねている。

8　「TOQ i」と連結される軌道検測車サヤ7590形

　サヤ7590形軌道検測車は1998（平成10）年に新造された車両で、2012年5月からはTOQ iと連結して検測運用を行っている。設計最高速度は100㎞/hである。

　車体はステンレス鋼製で車体長は16.5m車。軌道検測を行うには車体がわずかでも歪んだり、ねじれたりすると軌道の歪みや高低差を正確に測定することができないため、床構造は強固な剛性としたため車体重量は34.2tとかなり重い。

　カラーリングはデヤ7200形に合わせて窓上に赤帯、窓下は黄色と青である。

　検測は3台車方式で、測定は高低（レール上下の変位）と通り（レール横方向左右の変位）・平面性（ねじれ）・軌間（左右レールの間隔）・水準（左右レールの高低差）・動揺加速度（上下左右）について行い、各台車には過電流式変位検出器、中央の台車には光式変位検出器が取り付けられ、車上では監視用CRTモニタで各測定項目が見られ、データは保存されて地上に設置された処理システムで迅速に解析を行っている。

宮田道一回想録　東急電車が後世に残した成果

　東急は通勤通学路線である。そこで理想的な通勤電車を追い求めた結果を記してみたいと思う。

　8500系は通勤電車での経済性を追求した車両である。車体はオールステンレスカーで鋼製車より3トン近く軽量化と回生ブレーキを使うことで電力が節約でき省エネ電車になった。

　性能は地下鉄最急勾配で同一荷重の編成を押し上げ運転を可能にするため電動車比率を上げて8000系よりパワーアップになった。製造工程での大きな飛躍は、大きいCS-ATC装置を狭い運転室に設けるための工夫で、装置が増えれば機器や配線がより複雑になり製造工程が長くなるが、運転室機器を7つのブロックごとに分けて製造し、それを車両に設けた座にボルトやビスで取付ける方法により工程は短縮され品質も向上した。

　このブロック工法は21世紀となった今も国内外向けの新製車両製造で行われており、先進的な技術であり大きな成功と言える。そして、製作意図、技術、デザイン等で優秀な車両に鉄道友の会から贈られるローレル賞獲得を目指し、社内で会員を勧誘した結果100名を超えた。さらに鉄道ファンからも支持があり、1976（昭和51）年に鉄道友の会のローレル賞を受賞することが出来た。

　私は1983（昭和58）年7月1日に車両課長となり、理想的な通勤電車を追い求めて部下とメーカーと大いに意見を出し合って、その結果が9000系であった。その中でも、7人掛け座席に3人と4人の間に設けた中仕切り板については、予想通り良い成果となった。

　当初は心配しながら仕切りを入れてみたらぴったり座れるので、7人掛けが守られ好評であった。その後2000系では中仕切板にスタンションポールを新設し、今のJRや私鉄の最新車両にはユニバーサルデザインのスタンションポールに進化しているので、9000系と2000系の考え方は継承されており心強く思う。

　東急にクロスシートが誕生したきっかけは、横須賀線に乗った方からの話で、国鉄近郊型電車を利用する若い人はロングシートから座り始めていることが多く、これはクロスシートでは向かいの人と足がぶつかるのを嫌がりロングシートから座るとの報告があったことによる。

　ならば高齢者が座りやすくするには、若い人が座らないクロスシートを

9000系に採用してはどうかと考えた。そして、クロスシートの形そのものがシルバーシートであることをアピールできるので良いと思った。広報は「対面式シート」と名付けてくれた。

　そして、完成した中間車は2カ所の対面式シートを設けたが、全てをシルバーシートにするのは飛躍し過ぎなので片方は普通席とした。乗客からの評判も良く、「景色が変わった」と喜ばれて嬉しかった。その後は他の民鉄でも対面式シートを採用する車両が増えて、今は池上線と東急多摩川線の新7000系中間車にはベビーカーと隣り合わせで座れるセミクロスシートが採用され、9000系の考えが継承されているようで楽しい。

東急電鉄車両一覧（旧5000系以降）

形式名	製造初年	製造両数	設計最高速度	最大寸法	車両重量	主電動機出力	主電動機	歯車比
旧5000系	1954（昭和29）年	105両	―	18,500 × 2,740 × 4,120mm	20-28.1t	110kW	直巻電動機	9：52 (5.78)
5200系	1958（昭和33）年	4両	―	18,000 × 2,744 × 3,934mm	21-29.5t	110kW	直巻電動機	9：52 (5.78)
旧6000系	1960（昭和35）年	20両	―	18,000 × 2,744 × 4,000mm	28-29t	85-120kW	直流複巻電動機	5.78/7.2
旧7000系	1962（昭和37）年	134両	110km/h	18,000 × 2,800 × 4,000mm	27.18-28.15t	60-70kW	直流複巻電動機	13：85 (6.54)
7200系	1967（昭和42）年	53両	100km/h	18,000 × 2,740 × 4,100mm	17.9-34t	110kW	直流複巻電動機	15：86 (5.73)
8000系	1969（昭和44）年	677両	120km/h	20,000 × 2,800 × 4,145mm	27-35.7t	130kW	直流複巻電動機	16：85 (5.31)
8090系	1980（昭和55）年	90両	120km/h	20,000 × 2,800 × 4,100mm	26.5-34 t	130kW	直流複巻電動機	16：85 (5.31)
8500系	1975（昭和50）年	400両	120km/h	20,000 × 2,800 × 4,100mm	28.3-36t	130kW	直流複巻電動機	16：85 (5.31)
8590系	1980（昭和55）年	90両	120km/h	20,000 × 2,800 × 4,100mm	26.5-34t	130kW	直流複巻電動機	16：85 (5.31)
7600系	1986（昭和61）年	9両	110km/h	18,000 × 2,744 × 4,085mm	29.6-33.2t	110kW	かご型三相誘導電動機	14：85 (6.07)
9000系	1986（昭和61）年	117両	120km/h	20,000 × 2,800 × 4,050mm	24.3-33.8t	170kW	かご形三相誘導電動機	14：85 (6.07)
7700系	1987（昭和62）年	30両	120km/h	18,000 × 2,800 × 3,880mm	30.4-35t	170kW	かご型三相誘導電動機	14：85 (6.07)
1000系	1988（昭和63）年	113両	120km/h	18,000 × 2,800 × 3,990mm	25.7-33.8t	130kW	かご型三相誘導電動機	14：85 (6.07)
2000系	1992（平成4）年	30両	120km/h	20,000 × 2,800 × 4,035mm	26.2-34.7t	170kW	かご形三相誘導電動機	14：99 (7.07)
3000系	1999（平成11）年	78両	120km/h	20,000 × 2,770 × 4,065mm	26-33.5t	190kW	かご形三相誘導電動機	14：87 (6.21)
新5000（5050・5080）系	2002（平成14）年	238両	120km/h	20,000 × 2,800 × 4,050mm	24.4-32.9t	190kW	かご形三相誘導電動機	14：87 (6.21)
新7000系	2007（平成19）年	21両	120km/h	18,000 × 2,800 × 4,050mm	26.8-34.1t	190kW	かご形三相誘導電動機	14：87 (6.21)
新6000系	2008（平成20）年	36両	120km/h	20,000 × 2,800 × 4,050mm	26.8-33.3t	190kW	かご形三相誘導電動機	14：87 (6.21)
7500系	2012（平成24）年	2両	120km/h	18,000 × 2,800 × 4,050mm	36.1-37.7t	190kW	全閉交流かご形三相誘導電動機	14：87 (6.21)

18 全国に広がるステンレス王国
全国で活躍する東急の車両たち①

1　各地で重宝される東急の車両

　鉄道車両は一般の工業製品と比較すると寿命が非常に長い。これは、教育の行き届いた専門の係員が保守を行っていることに起因しており、日本国内のみならず海外でも同様である。特に先進諸国では鉄道の開通以来、車両保守自体が独立した技術分野を形づくり、多くの資金と人材が投入されてきている。鉄道車両はこのような環境で使用されるため、50年以上もの長いあいだ活躍するものも珍しくない。

　しかしながら、いかにその車両の状態が以後の使用に十分耐え得るものであっても、廃車にして新しい車両に置き換えなければならないことがある。たとえば、乗客の増加により小さな車体では輸送力に不足が生じるようになった場合、スピードアップや列車間隔の短縮の必要が生じてそれまでの車両の性能ではこれに対応できなくなった場合、他社線との直通運転を実施する際に会社間で車両の仕様を合わせなければならなくなった場合などがこれに該当する。

東急の車両は実に多くのローカル私鉄に譲渡されている。1975（昭和50）年4月に廃止された庄内交通湯野浜線には元東急のデハ3253がデハ103として活躍していた
写真提供：牛島裕康

第 18 章　全国で活躍する東急の車両たち①

長野電鉄のカラーをまとい、国鉄線上を甲種鉄道車両輸送される5000系

　このような場合に廃車となる車両は、まだ十分に使用できるものなので、解体してしまうよりはそれを運用するための条件が備わった他の鉄道に譲り渡し、活用してもらうほうが有効である。そのような車両は新車よりもはるかに安い価格で購入できるし、クーラーを取り付けるなど多少手を加えれば、実質的には新車とあまり変わらないとも言えるから、譲り受ける鉄道にとってとりわけメリットが大きい。

　また、車両を解体することによって多量の廃棄物が生じることを防止し、新車を作るために消費される資源やエネルギーが節約される点でも、理にかなっている。

　東急は創業以来、以上のような考え方をもって多くの車両を全国の私鉄などに送り出してきた。17章と18章では車両の第2の職場となった鉄道と、それらの車両の、その後の活躍ぶりを北から順に紹介する。

2　弘南鉄道

　東北地方最大の私鉄で、1927（昭和2）年に弘南線16.8kmが開業した。当初は蒸気運転であったが、戦後の1948（昭和23）年に電化している。そして、1952（昭和27）年に開業した旧弘前電気鉄道線13.9kmを、1970（昭和45）年に吸収合併して大鰐線とし、さらに旧国鉄の黒石線6.2kmを引き継ぎ、合計36.9kmの路線となっている。

　同社は、古くから他社の車両を多数譲り受けて使用して、かつてはその形態も前歴も、さまざまな車両の寄り合い所帯であった。

青森県の弘南電鉄には元東急の6000系が大鰐線、同7000系が弘南線・大鰐線に在籍。写真の7000形は2両編成4本が東急時代と同じ形式番号で使用されている　写真提供：高橋茂仁

弘南電鉄沿線は日本でも有数の豪雪地帯だが、雪があまり降らない東京から転属してきた元東急の車両メンテナンスには苦労が多いという（写真は6000系）写真提供：池田拓也

　東急の車両が、この鉄道に最初に譲渡されたのは1975（昭和50）年のことで、3000系が計8両移籍している。以後、1981（昭和56）年までに合計22両のデハ3400、3600形、クハ3670、3770形が譲渡され、同社の主力となって活躍を開始していた。中でも、元デハ3600形は、出力の大きな主電動機にものをいわせて、クハ3670、3770形と1M2Tの編成を組んで快速列車に使用されたり、ラッシュ時には6両編成となって津軽平野を疾駆した。快速列車の運転も6両編成も、地方私鉄にはあまり例のないものである。

　このようにして、東急で走っていたときにも増して健脚ぶりを発揮したこれら22両の3000系であったが、弘南鉄道の車両体質改善の方針に従って新性能車に置き換えられることとなった。代替のため投入された車両も東急からの譲渡車で、1988（昭和63）年、1989（平成元）年、1990（平成2）年に6000系4両と7000系24両が移籍された。同時に予備品確保用として6000系の中間車も4両発送されている。東急がオールステンレスカーを他社に譲渡したのは、このときが初めてであった。

　7000系のうち10両は中間車であったが、2両編成で運用ができるよう、譲渡に際して運転台を新設する改造工事が行われた。この新設された運転台の正面は、貫通口はないものの東急の9000系に似た左右非対称の顔つきに赤帯を配したものとなった。

　現在は、3000系は全車廃車となっているが、7000系は14両が弘南線、8両が大鰐線で運用されている。そして弘南鉄道でしか見ることができない貴重な存在の6000系は、大鰐線で2両がイベント用としてファンの力添えで温存されている。

第18章　全国で活躍する東急の車両たち①

1990年に東急から十和田観光電鉄に譲渡されたデハ3650形（3655）。引退間際には東急時代のライトグリーン塗装に復元された　写真提供：池田拓也

3　十和田観光電鉄

　東北本線の古間木と三本木との間14.7kmを結び、1922（大正11）年に開業した軌間762mmの軽便鉄道、十和田鉄道が前身である。古間木、三本木はそれぞれ後の三沢、十和田市である。軽便時代は蒸気機関車運転であったが、戦後の1951（昭和26）年に軌間1067mmに改軌すると同時に電化し、電車運転を開始した。

　電化開業時、電車は4両を新車で揃えてスタートし、北海道の定山渓鉄道（現存せず）から2両を譲り受け、さらに新造車を2両増備するなど、陣容の強化が行われた。

　東急からは1981年にデハ3800形2両とクハ3850形1両、1989年にデハ3650形とクハ3850形各1両、1990年にデハ3650形1両が譲渡され、電化以来のプロパー車両と、定山渓鉄道からきた車両が置き換えられた。デハは4両とも譲渡に際して両運転台化された。これらはいずれも製造時からの片運転台車両であり、連結面は切妻であったが、そのまま運転台を新設したため、前後で正面形状が異なる車両となった。

　2002（平成14）年10月にATSの導入に伴い、旧型車は老朽化もあり引退することとなった。置き換え車両として東急から譲受した7200系2両は両運転台化が行われた。そして、7700系2両編成3本が譲渡され、地方鉄道にVVVFインバータ車が譲渡されるのは初となった。その後も、モハ3603（元デハ3655号）は東急時代のライトグリーン塗色を復元させイベント用として在籍していたが、2012（平成24）年3月31日に運行を終了、翌日全線廃止になり、車両も廃車になった。この7200系のうち2両は大井川鐵道に譲渡され、2015

（平成27）年2月に運転を開始した。

　そして、六戸町内の有志は「七百レールファンクラブ」を結成し、七百駅構内や検修庫が七百鉄道記念館として保存され、2015年5月31日に一般公開も行われている。展示車両はモハ3603、モハ3401、電気機関車と貨車で、今後は年2回の公開を予定しているようで、ご覧になりたい方は、公開日に合わせて旅行を計画することをおすすめしたい。

4　福島交通

　福島交通は旧社名を福島飯坂電気軌道と称し、福島市と飯坂温泉の間9.2kmを結ぶ地方私鉄で、1924（大正13）年に最初から電気運転で開業した。福島市の近郊にはこれよりはるか以前に開業した軽便鉄道線が何線かあり、これらと合併し、さらにバス会社も巻き込んで現在の社名になると40kmを超える路線を有するようになった。しかし、戦後に路線整理が行われて不採算線区が廃止され、結局は福島〜飯坂温泉間のみが残った。

　架線の電圧は開業以来直流750Vを採用しており、車両は主として自社発注したものを揃えていた。それらはいずれも地方私鉄としては程度が高く、デザインもなかなか洗練されたものがあった。

　東急から最初に車両が譲渡されたのは1976（昭和51）年のことで、デハ3300形が3両移った。塗色はさくらんぼを連想させるマルーンとクリームのツートンである。

　続いて5000系が1980（昭和55）、1982（昭和57）年に各2両譲渡された。このうち、第二陣の2両は中間電動車のデハ5100形であるが、1両は上り方、

福島交通は1991年に架線電圧を直流750Vから1500Vに昇圧し、同時に元東急7000系を導入した。2両編成4本、3両編成2本が在籍し、先頭車は元中間車を先頭車改造を行った　写真提供：高橋茂仁

他の1両は下り方の車端に運転台を新設した。なお、この改造工事は十和田観光電鉄の場合と異なって本格的なもので、生まれながらの先頭車とまったく同じ流線形の前頭部となった。ただし、本来デハ5100形は下り寄りにパンタグラフが取り付けられていたが、運転台新設時にはパンタグラフの移設までは行われなかったので、連結面寄りにパンタグラフが付いているという、本来の5000系にはなかったスタイルができ上がった。

先のデハ3300形のうち、2両は5000系の第2陣と置き換えられて廃車、1両は入換用として残されたが、これも1986（昭和61）年には廃車となった。

以上の譲渡車両は、架線電圧750Vに適合するよう改造されたものだったが、福島交通ではこれを一般的な1500Vに高める昇圧工事を実施することになった。これにより、車両も改造しなければ使用できなくなるが、同社ではこの機会に前述の5000系を含めて従来の車両をすべて廃車にし、ステンレスカーに置き換えた。

代替のための車両は東急の7000系で、1991（平成3）年に16両が一挙に譲渡された。これらはすべて中間車のデハ7100形で、2両固定編成5本、3両固定編成2本に組成することとし、14両に運転台新設改造を行った。この工事の仕様は、前述の弘南鉄道の場合と同様で、正面の顔つきもほぼ同じになった。ただし、帯の色はブルーである。また、3両固定編成の中間に入る車両は付随車化された。なお、2015年8月現在は2両編成4本、3両編成2本になっている。

5　秩父鉄道

前身は上武鉄道という名称の会社で、1901（明治34）年に開業した歴史の古い私鉄である。この鉄道の特徴は貨物列車が頻繁に運転されていることで、積荷は武甲山から産出される石灰石である。最初の開通区間は熊谷〜寄居間で、その後順次延長するとともに1922（大正11）年には電化に着手、電気運転の歴史も長い。

貨物輸送のウェイトが高いとはいえ、旅客輸送も片手間というわけではなく、秩父山系や長瀞などの沿線の観光資源にも恵まれて観光輸送も盛んである。

このような事情から、今日まで保有してきた車両を見ると、さすがに多彩な顔ぶれの電気機関車群が目立つ。電車でも観光路線にふさわしいアコモデー

秩父鉄道は自社発注の500系の老朽化にともない、東急から7000系4両編成4本を譲渡され、秩父鉄道2000系とした。東急時代からあまり手を入れていないが、正面の帯を青色とするなど、若干の変更点が見られる　写真提供：牛島裕康

ションを持った急行用ばかりでなく、ベテランの木造車を鋼体化した旧型車や、戦時設計車を更新した元小田急の1800形など、さまざまなスタイルの通勤型電車も新旧とりまぜて走っていた。しかし、手持ちの電車の形式を整理し車種を統一するため、地方鉄道としては早い時期から大幅な代替が実施された。

　従来車に代わって入線したのは、急行用としては元JRの165系、通勤用は元JRの101系と、東急の7000系である。譲受した7000系は16両で、福島交通向けに引き続いて1991（平成3）年に移籍している。これらの7000系改め秩父鉄道2000系は、4両固定編成4本に組成されている。車体には青い帯を巻き、寒い地方を走行することから貫通口に引き戸を設けた以外は、ほとんど原形を保ったまま活躍した。

　そして、1000系（元JR101系）の置き換えのため、2009（平成21）年3月から東急8500系を3両編成2本に組み替え、7000系として運用を開始した。また、7002編成は先頭車化を行ったため、8500系に似た前面だが非貫通で、運転席・中間窓・車掌台のガラスは760mmの同じサイズ。アクセントに貫通扉のデザインがされている。

　改造工事は8600・8800形にパンタグラフの増設。客室は貫通口に引き戸を設け、側引戸の開閉押しボタン、LED式車内案内表示器、開閉時のドアチャイム、車椅子スペースの設置などバリアフリーに対応している。

　2010（平成22）年3月から東急8090系が7500系として譲渡され、現在は3両編成7本が運用されている。三峰口方のクハ8090形の制御電車化を行い、中間車には菱形のパンタグラフを増設した。車内設備は7000系と同様である。

秩父鉄道の7000系。写真の7001編成は秩父鉄道では初の界磁チョッパ制御になった　写真提供：高橋茂仁

秩父鉄道7500系（三峰口駅）。ライトケースの位置が低い元8090系の初期車　写真提供：矢田勉

　2013（平成25）年3月から東急8090系の先頭車化を行い、7800系として2両編成4本を譲渡。羽生方は制御電動車、三峰口方は電装解除車となった。前面デザインは非貫通で、運転席側は横に長い一枚ガラス、車掌台側は小窓の左右非貫通で、窓周りから屋根のR形状に合わせて全体を黒色に、窓下に緑と黄色のグラデーション帯を貼り、8090系としては斬新な切り妻スタイルになった。

6　長野電鉄

　信越本線の屋代から須坂を経て木島に至る線路を建設した河東鉄道と、長野と須坂を結んで開業した長野電気鉄道の2社が、1926（大正15）年に合併して誕生した私鉄である。河東鉄道は当初蒸気運転であったが、合併とほぼ同じくして電化し、さらに合併から間もなく信州中野から分岐して湯田中に至る線区も開業している。このようにして同社は北信地方に70km余りの路線を運営することとなり、地方私鉄としては営業キロが長い会社の一つとなっていたが、2002（平成14）年4月に河東線の信州中野～木島間、2012（平成24）年4月に屋代線の須坂～屋代間が廃止になり、長野～湯田中間33.2kmのみとなっている。

　同社が運用してきた車両には自社発注のものが多く、特急用の2000系や大都市の通勤電車並みのOSカーなど、意欲的でユニークな車両を新造してきた。その一方で、電化開業以来のベテラン車両や、元東武鉄道の旧型車などを運用し、バラエティー豊かな車両群を保有していた。

　ところが、昭和50年代に入ると、長野市の都市計画に基づいて市内区間の地下化が実施されることとなり、多数派の旧型車はその車体が防火上の基準

長野電鉄では赤とベージュのカラーとなり、「赤ガエル」とも呼ばれた

2005年から長野電鉄に譲渡された8500系(左)。寒冷地改造が施され、今では信州路の風景に溶け込んでいる
写真提供：池田拓也

に適合しないため、使用できないことになってしまった。そこで長野電鉄ではこの機会に旧型車の一掃を図ることとし、東急5000系の導入を決定。地元の「ながの東急百貨店」を経由して東急電鉄に譲渡の申し入れ希望が伝えられた。

このような経過で東急から移籍された5000系は全部で29両となり、1977（昭和52）年から1985（昭和60）年までの7回にわたって新天地に旅立って行った。これは東急が5000系を譲渡した最初のケースとなった。内訳はデハ5000形16両、クハ5150形10両、サハ5350形3両である。

これらは2両編成10本と3両編成3本に組成された。クハ5150形はもともと5両しか製造されなかったのに10両譲渡というのはおかしいわけだが、これはデハ5000形をクハ化したものが5両あり、取り扱い上、これらをいったん東急のクハ5150形としたためである。後の譲渡車のように、中間車を先頭車にするような大掛かりな改造は行われなかったが、デハ5000形のうち10両は、2両編成として運用されるため、主電動機は新製して出力115kWの大きなものに交換したほか、主抵抗器も新品にし、また電動発電機はクハやサハに移設した。さらに寒冷地での運用に対応してドアレールにヒーターを新設した。あわせて乗務員室の拡大工事も施工されている。

しかし、長野オリンピックの開催が決まると、5000系の置き換えと列車増発を目的に、営団日比谷線で使用されていた3000系の譲渡が決定。1993（平成5）年から5000系の廃車が始まった。そして、最後まで籍が残っていたT2編成が1998（平成10）年10月に除籍となり、長野電鉄から完全に引退した。

現在はC10編成だったモハ2510（元デハ5015）＋クハ2560（元5016号）が長野県須坂市福島のトレインギャラリーNAGANOにて静態保存されている。ここには広大な鉄道模型（HOゲージ／16番）のレイアウトがあり、食事も楽し

めるので家族連れにおすすめの場所である。

2005（平成17）年からは2000系と3500系（元営団3000系）非冷房車の置き換えを目的に、8500系の譲渡が開始され、2009（平成21）年までに3両編成6本が譲渡され、うち1本は先頭車化改造車で、8500系に似たデザインだが非貫通である。行先表示器はLED式に交換し、車内はバリアフリー対策の工事を行う。また、寒冷地に対応するためドアレールにヒーターを新設。室内温度を保つために1扉は開き乗降口とするが、他の3扉は閉める機能が追加された。

編成番号は5000系（長野電鉄では2500系）と同じ「T」編成で管理されている。正面は東急線時代と同じ赤帯のため、今も都内や神奈川を走っているように見える。線内では元小田急ロマンスカーや元成田エクスプレスと並ぶこともあり、鉄道ファンには楽しい光景が日々繰り広げられている。

7　上田交通（現・上田電鉄）

上田交通（上田電鉄）は、東急の傍系会社で、1921（大正10）年に上田と別所温泉を結んで開業した上田温泉電軌という名の会社が前身である。この会社はその後近隣の鉄道と合併して4線区の合計50km近い路線を保有するに至るが、戦後はいずこも同じ自家用車の普及によって乗客が減少して3線区を順次廃止、別所線11.6kmだけが残った。別所線も廃止されるかと思われたが、住民による「乗って残す」運動が効を奏して乗客数も次第に回復し、生き延びることができた。

東急の傍系会社となる以前から元東急の車両が活躍しており、その中には東急創業期の目黒蒲田電鉄モハ1形、池上電鉄から編入されたモハ15形、東

東急から上田電鉄（現・上田交通）に移籍してきた5200系（左）と5000系（右）。現在は5251号車が下之郷車両基地で保存されており、イベント時にその姿を見ることができる　写真提供：秋山芳晴

横電鉄のガソリン動車キハ1形などがある。東急グループの一員となったのは1958（昭和33）年だが、当然それ以降東急からの車両譲渡は活発化した。

　まず、グループ入り直後にデハ3100形3両、1965（昭和40）年にサハ3350形4両、1979（昭和54）年にデハ3300形とクハ3660形が各1両、1982（昭和57）年にはクハ3770形が1両、1983（昭和58）年にはサハ5350形がクハ化のうえ2両移籍された。

　これらのうち、デハ3300形、クハ3660形、3770形は塗色も東急のライトグリーンのままであり、側面に付いた社紋も東急グループ共通のものなので、東急で走っていた時とほとんど姿が変わらなかった。また、サハ5350形は塗色はブルーとクリームの上田交通のものに変更されたが、運転台を新設した側の妻面はフラットのままとし、3面連続の窓の上端を少し引っ込めてガラスに傾斜を付けたので、ユーモラスな顔つきになった。

　1985（昭和60）年度に入ると間もなく、同社は架線電圧を750Vから1500Vに昇圧し、車両についても東急の5000系と5200系を導入して一新することになった。譲渡された5000系、5200系の内訳は、デハ5000形が8両、デハ5200形が2両で、このうち、それぞれの偶数番号の車両はクハに改造されて入線した。また、ほかに予備品確保用として中間電動車のデハ5100、5210形が各1両発送された。

　しかし、この車両の活動も長くは続かなかった。冷房車投入による乗客サービス向上と、オールステンレスカー導入による保守費の節減を目指して、東急から7200系を2両編成5本譲り受け、1993（平成5）年5月から運用を開始し、5000系は一気に置き換えられたのである。

　7200系の仕様は東急時代と差ほど変わらないが、前面と側面に濃淡の緑色の帯を貼ることで、東急線時代とイメージは変わった。1998（平成10）年11

1993年から5000系に代わり7200系が別所線で活躍を始めた。2両編成5本が投入されたが、現在は1本のみ在籍する　写真提供：池田拓也

2008年に上田電鉄に入線した1000系は、同社初のVVVFインバータ制御車となった。全体に東急時代の雰囲気を色濃く残す　写真提供：池田拓也

第18章　全国で活躍する東急の車両たち①

上田電鉄の名車両、「丸窓電車」ことモハ5250形は別所温泉駅構内に静態保存されている。雪の中、7200系が上田駅へ向けて出発した

　月からワンマン運転の開始に伴い、運賃箱や整理券発行機を設置した。2005（平成17）年1月は丸窓電車（上田温泉電軌デナ200形、後にモハ5250形に改番）の塗色を模して、窓下が濃紺と窓から上部がクリーム色のラッピングで装飾を行い、内装も木目調に仕上げ、側窓には丸い窓を再現した。愛称を「まるまどりーむ号」として2本運用していたが、2015（平成27）年9月に7253編成が引退した。7255編成は今も現役で、基本運用は午後からである。

　そして、7200系の置き換えのため、2008（平成20）年8月から2009（平成21）年2月までに、東急から1000系が2両編成4本譲渡された。改造はパンタグラフの増設、ワンマン運転設備に運賃箱の設置を行う。そして、1001編成は東急時代と同じ赤帯、1002・1003編成には昆虫・動物・植物が可愛く描かれたラッピング電車「自然と友だち1・2号」として運用している。更に、7253編成の丸窓電車引退に伴い、1004編成が「まるまどりーむ号」の役目を引き継いだ。外観はモハ5250形をイメージしたカラーをラッピング、内装は木目調で名物の丸窓も再現し、平成生まれの車両もクラシックな雰囲気を醸し出している。

　2015年3月に、日比谷線乗り入れ用だった1000系の先頭車化改造を行い、ワンマン運転に対応した運転台の新設やバリアフリー対応を東急テクノシステムで工事を行った。前面は非貫通で、デザインは一畑電車と共通だが、排障

松本電気鉄道（現・アルピコ交通）へは、1986年に架線電圧を直流750Vから1500Vに昇圧するさいに東急から5000系2両編成4本が譲渡された
写真提供：池田拓也

器などが異なる。そして、一般公募によって「さなだどりーむ号」の愛称になり、真田氏の赤備えの色彩をイメージしたラッピング、アクセントに戦の際の家紋や六文銭が描かれている。

そして、廃車となった車両のうち多くは解体されたが、鉄道車両史の上で価値の高いデハ5001号と5201号は東急に陸送されて里帰り、デビュー当時の姿に復元し、長津田検車区で保存されていた。その後、デハ5001号は渋谷区の電車モニュメントとして車体の前半分を、渋谷駅ハチ公前広場、田園都市線への階段横に青少年育成活動や地域の美化活動の拠点として常設している。また、日中は車内へ入ることもできるので、歴史ある車両の内装やモノコック構造をじっくり観察するのも楽しい。

一方、デハ5201号は東急車輛（現・総合車両製作所横浜事業所）に譲渡、正門を入った道路沿いに東急車輛産業遺産第1号として永久保存されることとなった。また、日本機械学会から機械遺産第51号に認定された。クハ5251号は上田電鉄下之郷車両基地で倉庫として使用されているが、外観上は現役時代と変わらず錆びる事もなく綺麗で、イベントなどで公開している。

8　松本電気鉄道（現・アルピコ交通）

JR松本駅の西側から出て、北アルプスの登山基地、上高地に近い新島々まで走る松本電気鉄道（現・アルピコ交通）は、古くから岳人たちに親しまれてきた私鉄である。開業したのは1921（大正10）年で、社名は筑摩鉄道、筑摩電気鉄道、松本電気鉄道と変わった。また、かつては現在の終点の「新島々」からあと一駅間先の「島々」まで延びていたが、水害がもとで廃止された。

東急から譲り受けた車両は、デハ5000系8両で、このうち3両はクハに改造、2両は両運転台化され、架線電圧が1500Vに昇圧された1986（昭和61）年から運用を開始した。両運転台化で新設した運転台前面はフラットで、「平面ガエ

ル」のあだ名がついていた。いずれもワンマン運転対応の設備がなされており、中間駅では最前部ドアのみ乗降に使用する。両運転台車を用意したのは、単行運転を可能とするためであるが、実際にそのような運用は行われていない。また、外板の塗装は白を基調に赤と青の帯を高原の風を感じさせる波形にした。これは東急の広報室のデザインであった。

そして、1999（平成11）年から京王電鉄井の頭線から譲渡された3000系2両編成4本が導入され、5000系は2000（平成12）年に廃車になった。その後、5005・5006号は新村駅構内新村車両所にて静態保存され、現在は東急時代と同じ緑色に復元し、イベントなどでは方向幕を渋谷や桜木町行きにして、ファンや地元の方を楽しませている。

5000系に置き換わる以前の架線電圧は750Vで、自社で発注したもの、あるいは現在のJR大糸線の前身の信濃鉄道から購入した木造車の車体だけを新製して載せ換えた車両が走っていた。これらの車両は、メーカーである日本車輌の特長がよく現れたスタイルで、ほぼ同系の車両は各地の地方私鉄に供給されていた。

9　伊豆急行

静岡県伊東市に本社を置く伊豆急行は、1961（昭和36）年12月に伊東～下田間を一気に開業させた。開業と同時に国鉄（現・JR東日本）伊東線との相互直通運転を開始した。東急グループに属しているため、東急と同じ社紋だが、ローマ字の部分は「IZUKYU CORPORATION」になっている。

伊豆急は東急との縁が深いこともあり、東急の電車を借りて運転したこと

濃淡ブルーの帯を貼った伊豆急8000系。車内は海側がボックスシート化され観光需要に応えている。JR伊東線経由で熱海まで乗り入れる
写真提供：池田拓也

が何度かある。1961（昭和36）年から1965（昭和40）年にかけては3600系を補充用車両として運用。1964（昭和39）年から1966（昭和41）年にかけては7000系。1967（昭和42）年から1968（昭和43）年にかけては7200系が多客対応のため、それぞれ貸し出されている。

　2005（平成17）年4月からは、老朽化した200系（元JR113系と115系）の置き換えを目的に、東急から譲り受けた8000系の運用を開始。譲渡改造は観光路線としてのサービスの質を下げないために、海側ドア間には西武鉄道10000系（NRA）の座席を転用してボックスシートとして使用することで、乗客が海の景色が楽しめるようにした。山側の座席はロングシートのままだが、こちらからも海がよく見える。車内はバリアフリーに対応し、洋式トイレも設置された。外観は濃淡ブルーの2色の帯を貼っている。

　2004（平成16）年から譲渡が開始され、2009（平成21）年度までに8000系44両と8500系1両の3両編成15本が運用されている。

10　岳南鉄道（現・岳南電車）

　秩父鉄道と同様、貨物輸送に力を入れていた鉄道で、こちらは1949（昭和24）年に部分開業、1953（昭和28）年に吉原〜岳南江尾間が全通した戦後生まれの鉄道路線である。沿線には製紙工場が多いため、取り扱い貨物はパルプと紙製品がほとんどである。

　本線の営業距離は9.2kmだが、工場へ入り込んでいる引き込み線が多数分岐していた。そのため、同社では長らく電気機関車の存在感が際立っていた。だが、自社で新造したものは1両もなく、第二、第三の職場を求めて各地から集まってきた機関車たちばかりであった。

　電車についても、開業以来新車は購入しないで旧国鉄、西武鉄道、小田急などから譲り受けて賄われていたが、一部はその後新製車体に載せ換えが行われている。そのう

5000系には岳南鉄道に譲渡されたグループもあった。1981年から1996年にかけて8両が赤い車体に白帯で運転されていた

ち車体を日本車輌で製作したものは、同じような経緯で登場した松本電鉄の更新車にそっくりの外観であった。また、1両だけ汽車会社で造られたスキンステンレス車体とした車両もあって、地方私鉄には特に珍しいステンレスカーとして目を引くだけでなく、我が国のステンレスカー黎明期の作品として貴重な存在になっていた。

　しかし、この鉄道でも近代化のため電車の総入替えが決定され、1981（昭和56）年に8両の東急5000系を譲り受けた。内訳はデハ5000形が4両、デハ5100形が1両、サハ5350形が3両であるが、デハ5100形とサハ5350はいずれもクハに改造された。この改造工事は福島交通に譲渡された車両と同様に本格的なものであるが、時期としてはこちらのほうが早かった。また、その出来栄えについても、福島交通のものとともに、製造当初からの先頭車と見分けがつかないほどで、改造を担当した東横車輛（現・東急テクノシステム）の技術力を示したものといえる。塗装は赤に近いインターナショナルオレンジ色と窓下には白の帯のため、「赤ガエル」の愛称で親しまれていた。そして、1996（平成8）年～1997（平成9）年に京王井の頭線で走っていた3000系を譲り受け、7000系として運用を開始し、5000系の定期運用は終了した。

　2002（平成14）年11月から8000系（元京王3000系）の運用開始によって、5000系は全て置き換えられ、2006（平成18）年に除籍となった。

　そして、JR貨物の合理化によって吉原駅での連絡輸送廃止に伴い、岳南鉄道の貨物輸送は2012（平成24）年3月に廃止となった。2013（平成25）年4月からは、子会社の岳南電車株式会社に移管し、今に至っている。

11　大井川鐵道

　静岡県島田市に本社を置く大井川鐵道株式会社は1925（大正14）年3月に創立した。1931（昭和6）年12月に金谷～千頭間39.5kmが開通。1959（昭和34）年8月には井川線の営業運転が開始され、1990（平成2）年10月からは日本で唯一のアプト式鉄道の運行を開始した。

　本線上の蒸気機関車運転は、1976（昭和51）年7月から開始されており、同社の集客の目玉となっている。観光列車だけでなく、旧型客車を使用した映画やテレビの撮影が行われるなど、昭和時代の懐かしい日本の景色を体験できる貴重な路線としても知られている。

　大井川鐵道の売り上げは観光客よって多く支えられていたが、東日本大震災

千頭駅に停車する7200系（右）とトーマス塗装が施されたC11形（左）。先頭車改造された車両は8000系のような前面デザインとなった　写真提供：池田拓也

十和田観光鉄道経由で大井川鐵道入りした7200系。大井川入りする際に、近畿車輛エンジニアリングで改造を受けている　写真提供：横田武

　以降から団体バスツアー客が激減し、3期連続の赤字が見込まれたことから経営の見直しが行われた。その結果、本線と井川線の運行本数を減便する苦渋の決断を行った。そして、2014（平成26）年3月に本線は普通列車の運行本数を削減したダイヤ改正を実施している。
　こうした経営の見直しから、元東急7200系を十和田観光電鉄から譲り受けた。大井川鐵道にとってコスト削減の観点から元十和田観光の7200系の選択は理想的といえよう。まず既に両運転台車のため単行運転ができ、ワンマン運転設備はすでに整っているので改造が不要であり、オールステンレスカーなので外板塗装の手間も省ける。さらに、抵抗制御であることからすぐに運用することもできる。2015（平成27）年2月から2両編成での運用が開始された。そして、普通列車として運用していた元近鉄16000系は1本廃車になっている。

新金谷駅に停車する7200系（左）。右は元近鉄の特急型車両の16000系。大井川鐵道は古くから大手私鉄の車両を多数受け入れている　写真提供：横田武

19 全国で活躍する東急の車両たち②

各地に進出する青ガエルやステンレスカー

3700形は名鉄に譲渡され、同社の3880系となっている。大手私鉄から大手私鉄に移籍する車両は珍しく話題となった　写真提供：牛島裕康

1　名古屋鉄道

　名古屋鉄道にも東急の車両が譲渡されたことがある。戦後の一時期を除いて大手私鉄から大手私鉄に車両が渡ったのは稀有なケースである。

　同社は人口200万人の大都市名古屋を中心として、東は豊橋、西は岐阜にまで達するほか、数多くの支線区を有しており、その営業キロは400kmを超えて近鉄、東武に次ぐわが国第3の規模を誇る鉄道会社である。

　今日まで在籍した車両は、両数、車種ともに非常に多く、名車と呼ばれるにふさわしいものも枚挙にいとまがない。現在も華やかな特急電車が縦横に走りまわる反面、長命を保つ通勤型電車が混在するなど、電車好きには楽しい私鉄である。このような大私鉄に東急のデハ3700形、クハ3750形がなぜ譲渡されたのかを述べるには、これらの車両が誕生した背景に触れる必要がある。

　敗戦直後、荒廃した鉄道を立て直すために、車両の新造が急務となってい

名鉄3880系となった3700形。電動車のデハ3700形はモ3880形となった　写真提供：大幡哲海

クハ3750形はク2880形に編入。尾灯（後部標識灯）は角形のものに変更された　写真提供：大幡哲海

た。だが、それぞれの鉄道が、ばらばらに設計していたのでは時間がかかってしまう。そこで、運輸省（現・国土交通省）が主唱して委員会を作り、規格型電車の設計を定めたのであった。これに準拠して作られた規格型電車が各地の私鉄に納入されており、名古屋鉄道にもその仲間が登場している。その後、同社は輸送力増強にあたって既存車と共通する設計の車両を求めた。そこで、東急のデハ3700形、クハ3750形を購入することを決定したのである。

珍しい大手私鉄同士の車両譲渡の第1陣となったのは、デハ3700形8両とクハ3750形4両、第2陣はデハ3700形7両、クハ3670形とクハ3750形各1両。譲渡されたのはそれぞれ1975（昭和50）年と1980（昭和55）年のことであった。その結果、東急の3700形は、すべて名古屋鉄道に引き取られている。それまで名古屋鉄道で使用していた通勤型車両はほとんどが2扉車であったが、元東急の3扉車はラッシュ時の使い勝手が非常に良いことがわかり、同社でも1976（昭和51）年の6000系を皮切りに、3扉の通勤型車両を新造するようになった。

このような功績を残したこれらの車両も、その後相次いで登場した新型車に置き換えられて、1985（昭和60）年までにはすべて廃車となった。

2　豊橋鉄道

豊橋鉄道は名古屋鉄道の傍系会社で、JR豊橋駅に隣接する新豊橋駅から渥美半島方面に西進して三河田原に至る鉄道線（渥美線）18.0kmと、豊橋市内線（東田本線）5.4kmを運営している。この2路線の生い立ちはそれぞれ別で、鉄道線は渥美電鉄、市内線は豊橋電気軌道という会社がそれぞれ建設したもので、鉄道線はいったん名鉄に合併された後に分離し、その時に市内線と同じ

豊橋鉄道は2000年に東急7200系を譲受し、2代目1800系として運行している。これにより15分間隔から12分間隔への増発が可能となった　写真提供：高橋茂仁

会社になったものである。

　車両は他社から譲り受けたものを主として運用してきたが、元名鉄の車両が占める割合が高かった。しかし、西武鉄道、旧国鉄、長野電鉄からやって来たものもあり、元東急のデハ3550形も2両在籍していた。

　デハ3550形は1975年に譲渡されたもので、豊橋鉄道の架線電圧に対応して600V用として、さらに1両はクハ化された。また、電動車のまま入線した車両も、その後台車と主電動機を旧国鉄から購入したものに取り替えられ、1997（平成9）年に同社が架線電圧を1500Vに昇圧するまで運用に就いていた。

　昇圧後は名鉄から転籍してきた7300系を使っていたが、2扉車のため乗降時間が掛かることや、加速性能が低いことが課題となっていた。そこで、2000（平成12）年にスピードアップと乗降時間短縮を目的に東急7200系3両編成9本と予備品確保用として3両を譲り受け、車体の色は前面ライトケース周囲と側戸袋部に赤・緑・黄・青の色を編成によって色分けし、1800系として運用を開始した。

　ところが、2001（平成13）年に起きた車両区内での火災によって2両が復旧困難になると、予備品確保用の2両を営業電車として復活させている。また、予備品確保用の残る1両も、2008（平成20）年に上田電鉄から譲り受けた2両と編成を組み、営業運転に復帰した。

　現在は花をイメージしたカラフルな車体となり、3両編成10本が活躍している。

2013（平成25）年1月から「渥美線カラフルトレイン」としてラッピング装飾が施された。前面の窓周りには黒のラッピングが施され、印象が大きく変わっている　写真提供：高橋茂仁

3　富山地方鉄道

　富山市は2007（平成19）年2月に中心市街地活性化基本計画を内閣総理大臣認定第1号として認定された。2014（平成26）年5月には内閣官房「地域活性化モデルケース」に選定され、鉄軌道沿線に都市の諸機能を集積させることで、公共交通を軸とした拠点集中型のコンパクトな街の実現を目指している。このプロジェクトの核となる富山地方鉄道は、市内電車としては日本で初めて上下分離方式を採用するなど、今後の日本の街と鉄道の共存について学ぶべきことが多くある。

　富山地方鉄道は、鉄道線と軌道線の総延長距離は100kmを超え、観光路線としての色も濃い。元京阪3000系ダブルデッカー車を譲り受けて2013（平成

富山地方鉄道は2013年に東急8590系を購入し、17480形として運行している。2両編成2本と部品取り用として1両の計5両が在籍する　写真：池田拓也

25)年8月に観光列車として運用を開始したほか、北陸新幹線の黒部宇奈月温泉駅に隣接する新黒部駅を開業させるなど、活性化に向けた施策を近年続々と打ち出している。

　さらに、通勤通学時間帯の輸送力増強を目的に、東急からは大井町線で使用されていた8590系2両編成2本を譲り受け、2013年11月から17480形として運用を開始した。改造工事は保安装置や列車無線を富山地方鉄道のものに交換し、運転席にワンマン運転用の機器や運賃箱、客室は運賃表示器、整理券発券機、モニタ用カメラを設置。外観は床下機器の塗装が黒からグレーになり、密着連結器に交換とスノープラウを新設。そして、大井町線で使用していた時と同じ帯のため、東急時代と比較しても変化は最小限になっている。

　そして、デビューを記念して専用台紙とプレミアムカードがセットされた「オールステンレス車両導入記念1日フリー乗車券」が発売され、運行時刻も公開されるなど注目を浴びた。

4　北陸鉄道

　北陸本線から分岐する石川県内のたくさんのローカル私鉄が戦時中に大同合併によって、1943（昭和18）年に発足した。その結果、大手私鉄も顔負けの140km以上の路線網ができあがった。しかし、戦後のモータリゼーションの進展によって乗客数が減少してくると、惜し気もなく路線廃止が行われ、現存するのは石川線と浅野川線の合計20.6kmのみとなってしまった。

北陸鉄道7000系は元東急の旧7000系。2両編成5本が在籍し、石川線で運用されている。車種の違いなどにより3形式に分かれ、非冷房の7000形、冷房車の7100形、中間車の先頭車改造で、行先表示幕がない7200形がある
写真提供：牛島裕康

中間車を先頭車に改造した7200形。行先表示は、正面窓に表示板を差し込む　写真提供：高橋茂仁

田園を行く7100形。東急からの入線に際して冷房装置の搭載が行われた　写真提供：牛島裕康

　北陸鉄道は名鉄系で、名鉄から譲り受けた車両が多かったが、自社で発注した車両も少なくはない。それらプロパー車としては、スタイルに共通性が見られる標準設計のほか、新製したアルミ車体に載せ換えて、初期のアルミカーとして鉄道車両史上貴重な存在となっているものもあった。

　路線廃止に伴い、前述のアルミカーを含む多くの車両は廃車になったが、残った石川線の車両体質改善を目指して、1990（平成2）年に東急7000系を10両購入している。ただし、北陸鉄道の場合、東急7000系を譲り受けた他の私鉄とは異なるのは、架線電圧を600Vのまま変更しなかったことと、7000系を活かして使用したのはほぼ車体だけという点である。

　すなわち、台車は西武鉄道とJRから購入したもの、主電動機と主制御器もやはりJRからの購入品に交換され、電動発電機も取り替えられている。これらは2両編成5本に組成されたが、元の形式がデハ7000形の6両のうちの半数をクハ化、元デハ7100形4両はいずれも運転台を新設したが、やはり半数クハとした。

　運転台新設部の前面形状は、弘南鉄道や福島交通の場合と同様である。また、最初に入線した2両を除き冷房化が施工されているが、工事を容易に行うためクーラーを客室内に設ける仕様とした。これらの改造工事は多岐にわたるため、東急車輛製造に搬入して施工された。

　ともあれ、以上のような大掛かりな改造工事を受けたこれらの10両は、外観こそあまり変わっていないように見えても、技術的見地からはすでに「元東急7000系」とは呼べなくなったともいえる。このように、車体と台車、主要機器をそれぞれ別の会社から、あるいは同じ会社であっても、おのおのを別の形式の車両のものを譲り受けて組み合わせるということは、地方鉄道へ譲渡する手法の一つとなっている。

第19章　全国で活躍する東急の車両たち②

5　京福電気鉄道（現・えちぜん鉄道）

　東急から譲り受けた車両が走っていた頃の京福電気鉄道は、遠く離れた京都市と福井市の近郊に路線が分散し、それぞれの性格も車両の陣容もまったく異なっているユニークな会社だった。本社も京都と福井の両都市に置いていたが、2003（平成15）年に福井の路線については第三セクター方式のえちぜん鉄道株式会社が業務を引き継ぎ、越前本線は勝山永平寺線と改称した。ここでは東急電車が走っていた話をするため、福井本社になる以前の京福電鉄福井支社や越前本線の時代に戻って説明する。

　京福電鉄福井支社の路線は、もともと京都電燈という名の電力会社が建設したもので、福井から勝山に至る延長27.8kmの本線は1914（大正3）年から1929（昭和4）年にかけて開通した。かつてこの本線は、勝山からさらに8kmあまり先の京福大野まで達して、旧国鉄越美北線に接続していたが、1974（昭和49）年に廃止になっている。

　一方、福井と三国港の間25.2kmを結ぶ三国芦原線は1928（昭和3）年から翌年にかけて開業したもので、沿線には湯の街芦原や名勝東尋坊などの観光資源を有している。ほかに、本線の中間から分岐する永平寺線と称する支線があり、これは永平寺鉄道という別の会社の路線を買収したもの。これらの路線はすべて開業当初から電気運転であった。

　かつては永平寺線、丸岡線という線もあって、福井支社だけで90km以上も

元東急3300形の京福電気鉄道モハ281形。3300形は福島交通や上田交通（現・上田電鉄）に譲渡された車両もある　写真提供：牛島裕康

の路線を保有していた。えちぜん鉄道になった時点での総営業キロは53kmである。

　車両としては、戦前には自社発注車を揃えていたが、1947（昭和22）年、1948（昭和23）年という早い時期に東急からデハ3250形を4両譲り受けた。このデハ3250形は、池上電気鉄道が目黒蒲田電鉄に合併されモハ120形・130形に改番、大東急時代にデハ3250形になった車両である。1972（昭和47）年に南海電鉄が架線電圧を1500Vに昇圧すると、不要となった600V時代の車両を大量に購入し、旧型車を置き換えた。

　また、これと前後して東急や相鉄からも車両を譲り受けている。元東急の車両は、目黒蒲田電鉄モハ150形から大東急の発足によってデハ3300形に改番された車両で、1975（昭和50）年に4両譲渡された。なお、先にご紹介した3250形は、1977（昭和52）年に廃車となった。

　その後、阪神電鉄から譲り受けた車両の車体だけを活用し、それまでに保有していた元南海の車両や、別途に購入した旧国鉄101系の台車や機器と組み合わせた車両と交代し、元東急3300形は1986（昭和61）年に廃車。相鉄の車両も翌年廃止された。

6　伊賀鉄道

　伊賀鉄道は近鉄の連結子会社で2007（平成19）年3月に設立された。路線は伊賀上野から伊賀神戸間16.6kmで、伊賀鉄道が列車の運行を行う第二種鉄道事業、近鉄が第三種鉄道事業だが2017（平成29）年4月からは伊賀市が第三種鉄道事業になり、施設と車両保有して維持管理を行う公有民営方式の運営開始を予定している。

　同社の前身は、1914（大正3）年7月に伊賀軌道が設立され、1916（大正5）年8月に上野駅連絡所（現・伊賀上野）から上野町（現・上野市）間が開業。1922（大正11）年11月に上野町から名張（後の西名張）間が開業した。しかし、鉄道貨物輸送がトラック輸送に変わり、1964（昭和39）年10月には伊賀神戸から西名張間は廃止された。

　東急からは860系の置き換えを目的に1000系が2009（平成21）年12月から運用を開始。2012（平成24）年3月までに2両編成5本が譲渡された。

　先頭形状は貫通扉が車掌台側の左右非対称のものに加え、東横線と目蒲線の共通予備車だったため貫通扉が中心にある左右対称。さらに、譲渡された車

近鉄伊賀線を転換した伊賀鉄道は、当初、近鉄からの譲渡車で運行していたが、2009年に元東急1000系を譲受した。2両編成5本が在籍し、近鉄時代の車両を置き換えた　写真提供：池田拓也

両のうち4両は先頭車化改造工事を行い、東急8000系に似た非貫通の左右対称がある。

車内にはワンマン運転に必要な設備と車椅子スペースを設置。ドア間の一部は9人掛けロングシートを撤去し、そこに京阪9000系と京阪8000系で使用されていた転換クロスシートを取り付けている。

外観は忍者のイラストなどを車体全体にラッピング装飾を行い、側引戸の車内側にも忍者のラッピングを施し、忍者が見え隠れする扉や手裏剣柄のカーテンなど、乗っても楽しい工夫がされている。

7　水間鉄道

関西地方は古くから私鉄王国と呼ばれ、大手中小取り混ぜて数多くの鉄道会社が存在している。このなかには他社から車両を譲り受けて使用しているところも少なくないが、この水間鉄道のように、関東の私鉄から購入した例は珍しい。

この鉄道は、水間観音への参拝客を運ぶことを目的として1925（大正14）年に開業し、南海電鉄の貝塚から水間観音までの5.5kmと最も路線規模の小さい私鉄のひとつである。しかし、大阪市が近いため、通勤通学輸送の需要が年を追って増加し、車両もそれに対応して次第に大型化されてきた。

南海電鉄の傍系会社ではないが、路線の立地条件から南海とは創業以来結びつきが強く、車両も主として南海から譲り受けて揃えたものであった。しかし、車両の冷房化とステンレス化による乗客サービス向上、保守の省力化を目指して、架線電圧を600Vから1500Vに昇圧するとともに、全車両が東急から譲り受けた7000系に置き換えられた。なお、車両ばかりでなく、昇圧に必要な

水間鉄道は1990（平成2）年に東急7000系10両を購入。2両固定編成として一部の車両は先頭車化改造を行った　写真：森本言也

一畑電車の1000系。デハニ50形をモチーフとしたオレンジ車体＋白帯のラッピングが施され、遠目には鋼製車のように見える　写真提供：一畑電車

変電所の機器も東急から譲り受けたものである。

　譲渡された車両の内訳は、デハ7000形6両、デハ7100形4両で、北陸鉄道の7000形と同時期の移籍となった。ただし、水間鉄道の場合はデハ7100形に運転台を新設したものの、台車や主要な電気品についてはそのまま使用している。運転台新設の工事仕様は前述の弘南、福島、北陸の車両と同様で、前面形状もほぼ同じものとされた。この顔つきは、地方私鉄に移った元東急7000系の標準仕様になった感がある。

　これら10両のうち、冷房改造を済ませて発送されたのは4両だけであるが、移籍後さらに2両が冷房化された。また、全車とも車体の外部に粘着シートによるイラスト入りの広告を付けて走っている。

　2006（平成18）年より更新工事が行われ、室内は座席モケット、化粧板の交換、床は柄入りのロンリウムに更新し、バリアフリー対応になった。

　外観は前面と側面の帯色を赤、青、緑、オレンジを編成よって色分けし、ガラス支持をHゴムから金属押え支持に変更。先頭車前面は東急時代から付いたままであった海側、山側のジャンパ栓や足掛けステップの撤去を行い、排障器を設置。東急時代と比べるとスッキリしたイメージになり、1000系として2両編成4本が運用に就いている。

8　一畑電車

　創業は1914（大正3）年4月に一畑軽便鉄道から始まり、最盛期の営業キロは72.5kmあったが、現在は大社線と北松江線で42.2kmになった。2006年4月に一畑電気鉄道が持株会社になり、島根県出雲市に本社を置く一畑電車と

して再出発した。

　さらに、島根県は国の補助金も含めた約59億円を2011（平成23）年度から10年間投じる支援事業計画を発表。内容は車両の更新、軌道などの施設改良である。こうして老朽化した3000系の置き換えを目的に、16年ぶりの新車となる東急1000系の導入が決まった。

　そして、2015（平成27）年2月から一畑電車の1000系として2両編成2本が運用を開始。オールステンレスの車体やVVVFインバータ、ワンハンドルなど、一畑電車に初めて導入される機能が多く注目を集めた。

　改造工事は日比谷線乗り入れ用の1000系中間車を先頭車化。前面は左右対称の非貫通だが、貫通扉を感じさせるデザインになっている。また、先頭形状は上田電鉄向けの先頭車化改造車と共通だが、一畑電車仕様にはスノープラウが付いている。車体に色はデハニ50形を再現したオレンジと細い白帯。これはインターネットによる投票で決定されている。同社では今後も新車の導入を計画している。

9　熊本電気鉄道

　1909（明治42）年に設立した軽便鉄道の菊池軌道が前身で、1911（明治44）年に池田（現・上熊本）〜千反畑（現・藤崎宮前）が開業。1948（昭和23）年に現在の社名になった。開業時の軌間は914mmだった。その後部分開業を繰り返しつつ、上熊本駅前と城下町である菊池を結ぶに至った。さらに、1920（大正9）年に軌間を1067mmに改軌、1923（大正12）年に直流600Vで電化している。

　また、戦後の1950（昭和25）年に、上熊本〜北熊本間の新線を開業、もとの上熊本〜藤崎宮前間は1953（昭和28）年に廃止された。

　熊本市は九州有数の都市であるが、この鉄道のターミナルである藤崎宮前も上熊本も市の中心部から離れているため、戦後は自家用車の普及とともに乗客が減少し、1986（昭和61）年に全路線のほぼ半分に当たる御代志〜菊池間が廃止になった。しかし、それとともにワンマン運転などの省力化を進める一方、運転間隔の短縮も行って残りの区間の存続を期している。

　車両陣は、かつては非常にバラエティーに富み、自社発注車もあったものの、元国鉄、小田急、東急の車両が仲良く走っていた。なお、元国鉄車とはいっても、いずれも私鉄から編入されたいわゆる「社形国電」であった。東急からは、サハ3100形1両とデハ3150形2両が1966（昭和41）年に移籍した。このうち、

サハ3100形はクハに改造されていた。

　1977（昭和52）年からは、静岡鉄道から車両の導入を開始して老朽化した従来車を廃車とし、車両体質の改善が進められた。さらに、東急5000系の第一陣として、1981（昭和56）年にデハ5000形2両が入った。これらは、600V用に改造されたものの、車体の塗色はそのままで、ほぼ東急時代の姿で運転された。

　引き続き、1985（昭和60）年にはデハ5000形が4両購入された。これらは、両運転台化されるとともにワンマン運転のための設備が設けられた。新設された運転台の正面はフラットのままで、中央に貫通口があり、2両を連結しての運用も可能になっている。また、塗色は従来のライトグリーンに黄色とオレンジ色の帯を入れたものに変わった。先に入線した2両のうちの1両もこれらと同様の仕様で両運転台化、ワンマン運転設備追加、塗色変更が実施されている。

　このように東急時代の面影を残したまま、遠く離れた熊本電鉄の路線を走っていた5000系だったが、1989（平成元）年、同社の創立80周年を迎えた機会に再度塗色が変更され、ブルーの濃淡の塗り分けに赤帯、さらにその帯の上下に細い白線という、それまでとはまったくイメージの異なる姿になった。

　そして、晩年は塗色を東急時代のライトグリーンに復元し、多くの東急ファンが青ガエルに乗るため熊本を訪れるようになった。しかし、2015（平成27）年3月に1両が引退。残る1両も東京メトロから譲り受けた元銀座線01系に置き換えられることが決定。鉄道の車両史に大きな功績を遺した5000系の引退が決まった。※2016（平成28）年2月14日に最後の1両も引退した。

旧5000系は熊本電気鉄道に残されている。両運転台に改造され、運転台が増設された側の妻面は平面になった　写真提供：高橋茂仁

かつては水色ベースの車体カラーだったが、2004年に東急時代のライトグリーンに復元した　写真提供：高橋茂仁

10　東急車輛製造（現・総合車両製作所）

　東急車輛（現・総合車両製作所）は太平洋戦争の直後、現在の東急、小田急、京王、京急の各社が一つの会社となって、いわゆる「大東急」を形成していたときに、戦災を受けた車両の復旧を行うため設立された直営工場を前身とするメーカーである。しかし、当初の目的とする業務を進めながら、わずかの間に実力を蓄え、すぐに車両新造に取り掛かるという急成長を遂げた。

　同社が国内外に供給した有名な車両は枚挙にいとまがないが、初期の段階では旧国鉄の80系湘南型、東急5000系などがある。創業時の経緯から、特に電車を得意とし、1958（昭和33）年には国産初のステンレスカー、東急5200系を製造し、特にアメリカ・バッド社との技術提携によって、我が国初のオールステンレスカー、東急7000系を1962（昭和37）年に送り出してからは、オールステンレスカーのトップメーカーとしての地位を築くことになった。

　同社構内での完成車両の移動や搬出には、さまざまな車両が入換用動力車として使用されてきた。それらの大部分は他社から譲り受けたもので、なかには旧国鉄の初期のディーゼル機関車DD11形のような貴重なものもあった。

　東急電鉄からの譲渡は、元架線検測車デヤ3000形、元荷物電車のデワ3040形、デハ3200形、3400形がそれぞれ1両、デハ3450形が3両である。これらは1964（昭和39）年から1993（平成5）年までの5回にわたり発送された。ま

東急車輛製造（現・総合車両製作所）では、産業遺産として5200系（左）と7000系を静態保存している。5200系はセミステンレスカー、7000系はオールステンレスカーのパイオニアとなった形式で、日本の鉄道史に与えた影響は大きい　写真提供：高橋茂仁

東急車輛製造の工場内。天井が高く、車両を吊り上げる天井走行クレーンが装備されている　写真提供：東急電鉄

東急グループの車両製造メーカーである東急車輛製造は、日本の大手車両メーカーのひとつ。ステンレスカーだけでなく、鋼製車体も多く手がけた　写真提供：東急電鉄

た、3001号と3499号の2両は、東急に最後まで在籍した3000系で、1992（平成4）年に東急創業70周年記念運転に使用されたのを機会に引退し、1993年に移籍した車両である。

　2000（平成12）年には、東急線に在籍する最後の7000系、デハ7057・7052号を東急車輛へ譲渡し、こどもの国線の運用に就いていた時と同じ赤、緑、青色の帯のまま入換動力車として使用され、2009（平成21）年5月に廃車になった。その後、日本初のオールステンレスカーとしてデハ7052号を東急車輛産業遺産第2号に指定、2012（平成24）年8月に日本機械学会から機械遺産第51号として認定され、今も製造当初同様にステンレスを輝かせながら大切に保存されている。

　2008（平成20）年10月には、元東急電鉄デハ7200形で上田電鉄へ譲渡されていたモハ7252・7254号が、東急車輛へ陸送された。そして、総合車両製作所になった今も、モハ7252号は上田電鉄時代の帯を貼った姿とモハ7254号は帯なしで入換動力車として使用されている。

　日本の鉄道の発展に多大な貢献をした東急車輛製造だが、2012年にJR東日本に事業譲渡され、総合車両製作所になった。

11　日立製作所

　日立製作所は、我が国有数の重機械、電気メーカーで車両ばかりでなく変電機器などの地上設備も含め、早い時期から鉄道に関連するものの製造も手掛けている。

　鉄道部門の製品のうち、電気機関車、ディーゼル機関車、制御装置などの電車用の機器は、水戸工場で製造していた。ここでは、我が国民間メーカーによ

る製造としては第1号に当たるED15形を皮切りとして旧国鉄のほとんどの形式の直流電気機関車を製造し、また全国に普及したDD51形ディーゼル機関車を続々と誕生させて、国鉄の動力近代化に大きく貢献してきた。

さらに、私鉄電車用の制御装置として、運転電力量節減の効果の大きい回生ブレーキ付き界磁チョッパ方式を開発、量産化するなどの実績を残している。

この水戸工場の構内には試運転線があり、完成した車両の試運転はもちろん、開発途上の制御装置などのデータ採取のための試験走行が行われていた。また、かつては工場へ通勤する社員のため、最寄りのJR勝田駅から工場構内まで専用鉄道が設けられていた。この2つの目的で使用される車両は、主として東急から譲り受けた車両が充当されていた。

1968（昭和43）年にデハ3200形2両とサハ3100形1両が譲渡され、通勤用に使用された。この専用線は非電化のため、これらは小さな蓄電池機関車に牽引される客車として運転されることになった。うち2両には、その後老朽化した車体を新製したものにそっくり載せ換える更新工事が実施されている。しかし、いわゆる「お客様」を乗せる車両ではないためか、新製された車体の外観は何の飾り気もない、実用一点張りの箱状のものであった。

一方、次世代の電車制御方式を目指して昭和50年代中頃から開発が本格化したVVVFインバーター制御装置をテストベッドとするため、1980（昭和55）年にデハ3450、3550形各1両が東急から譲渡された。この目的で使用されたのは主に3550形のほうで、こちらはブルーとクリームの横須賀線電車のような塗色に変更され、工場構内を往復していた。

その後、1988（昭和63）年に同じく東急から6000系を4両譲り受け、試験用と通勤用にそれぞれ2両が使用されることになった。これらはいずれも大きく手を加えられることはなかったが、通勤用の車両はやはり機関車に牽引される客車として運転された。

その後、通勤輸送はバスに切り替えられ、また試験車もその使命を終了したため、それらの車両もすべて廃車となってしまった。

12　静態保存車両

東急の車両のなかには、学校や企業などの各種施設で保存されているものもある。

私立学校のサレジオ学院は中学校、高等学校のキャンパスにデハ3500形の

群馬県富士見村ではデハ3499号車保存会が3450形(3499号)の修復を進めている　写真提供：高橋茂仁

トップナンバーが展示をしていた時期があるが、その後解体されて現存していない。

　千葉県いすみ市にある福祉施設いすみ学園では、1985（昭和60）年に東急から寄贈されたデハ3450形2両が作業場として使われ、デハ3469号は現存しないが、デハ3455号は公道からもその姿を見ることができる。この車両を使用して障害を持つ人たちの自立のための訓練に役立てられている。

　東京都府中市にある斎藤病院にも、1975（昭和50）年にクハ3660形1両が寄贈され、いすみ学園の場合と同様の目的に使用されていたが、解体されてしまった。

　東京都世田谷区の宮坂区民センターには、元江ノ島電鉄のデハ600形が1両保存され、内部はギャラリーとなっている。この車両

斎藤病院に展示保存されたクハ3660形。医院長の斎藤茂太氏が熱烈な鉄道ファンということで実現した

第 19 章　全国で活躍する東急の車両たち②

世田谷線宮の坂駅の脇に静態保存されている元江ノ電デハ600形。じつは玉電デハ104号で、江ノ電に譲渡された車両が里帰りしたものだ　写真提供：河野美斗

の前身は東急デハ80形で、今はなき玉川線や、現在の世田谷線を走っていたものである。したがってこの車両の場合は古巣に舞い戻った形になっている。廃車後の車両の余生の過ごしかたとしては、もっとも幸せといえよう。

　青森県弘前市大字高杉字神原・高長根レクリエーションの森には、弘南線で使われたクハ3773号が冬期のみスキー客の休憩室として利用されている。

　元十和田観光電鉄七百駅構内と検修庫には、六戸町内有志で結成した「七百レールファンクラブ」の七百鉄道記念館があり、モハ3603（元デハ3655号）が保存されている。年2回程度の公開を予定しているようだ。

　長野県須坂市福島にある「トレインギャラリーNAGANO」では、長野電鉄で運用していたモハ2510（元デハ5015）＋クハ2560（元5016号）が静態保存されている。ここは食事することができるほか、HOゲージ（16番）のレイアウトも展示されている。

10編成が在籍していた長野電鉄の2500系（元東急5000系）だが、現存するのは「トレインギャラリーNAGANO」にあるC10編成のみ　写真提供：高橋茂仁

20 複合企業化と沿線再開発の推進

さらなる飛躍を目指す東急電鉄

1編成の車内すべてが同じ企業の広告で占められた「TOQ-BOX号」。一般の車両と区別するため、正面にしゃぼん玉などのラッピングを施した　写真提供：高橋茂仁

1　TOQ-BOXとTOQビジョン

　東急は1984（昭和59）年から、電車とバスの車内広告を1列車を1社に統一して宣伝効果を高める企画列車「TOQ-BOX（トークボックス）号」の運転を開始、東横線では8090系の1編成に車体前面と側面にTOQ-BOXのロゴと大きなシャボン玉模様を装飾。その後9000系に引き継ぎ虹に楽器、大きなシャボン玉などの装飾をした。

　田園都市線は8500系の2編成とし、1編成は側面に赤帯とビル、楽器や虹などを装飾した。もう1編成は東急ケーブルテレビジョン（現・イッツ・コミュニケーションズ）の広告専用として、8637編成の前面と側面に青帯と青いシャボン玉の装飾をした。現在は電車とバスともにTOQ-BOX号の装飾は終了している。

　車内での案内は放送が主体であったが、視覚に訴える方法として、各ドア上部の鴨居にはJRと同様の液晶ディスプレイで動画広告を流し、宣伝効果も大

第20章　さらなる飛躍を目指す東急電鉄

9000系のTOQ-BOX号。写真のシャボン玉編成のほか、虹＋音符＋楽器柄の編成もあった　写真提供：古屋香織

5050系「Shibuya Hikarie号」の「TOQビジョン」は渋谷ヒカリエ関係の広告を放映　写真提供：古屋香織

きい。左側モニタを「TOQビジョン」と名付けられた。右側の次駅案内モニタはイラストと文字情報である。

　搭載車両は田園都市線5000系・大井町線6000系・目黒線5080系・東横線5000系と5050系、Y500系。東横線4110F・Shibuya Hikarie号は複合商業施設「渋谷ヒカリエ」の動画広告を流している。

　この鴨居部液晶ディスプレイは、JR東日本では「トレインチャンネル」、東京メトロでは「Tokyo Metro ビジョン」、西武鉄道では「西武スマイルビジョン」、埼玉高速鉄道では「SaiNet Vision」の名称で、新時代の広告媒体として期待が集まっている。

2　東急沿線の価値を高める関連事業の広がり

　1953（昭和28）年に、五島慶太会長が城西南地区開発趣意書の発表したことから始まった東急多摩田園都市の土地区画整理事業も、2006（平成18）年3月の犬蔵地区をもって完了した。今後の課題は少子高齢化社会の中で、どう事業展開を行うかである。

東急電鉄が開発を手がけた二子玉川ライズ。東急の街造りのノウハウが随所に投入されている　写真提供：河野美斗

東急グループのスーパーマーケット「東急ストア」。東急沿線を中心に出店している　写真提供：河野美斗

東急沿線の人口は今後も増加すると推論されているが、2025(平成37)年以降の増加率はほぼ横ばいになることから、沿線に新たな魅力的な街や商業施設を誕生させる目論見で、東急沿線の価値向上が進みつつある。ここでは、東急が取り組んでいる主な関連事業をまとめてみる。

　横浜みなとみらい21地区の再開発は、3棟の高層ビルからなるクイーンズスクエアを1997(平成9)年7月に開業させ、これらのビルにはオフィス、ホテル、60店舗のショッピングモールが入っている。みなとみらいホールは東急コミュニティーと東急エージェンシーが指定管理者になっており、家族やカップル、観光客などが多く訪れている。

　2000(平成12)年4月には南町田駅と直結している約8万7千平方メートルの敷地に、アウトドアやアパレルなどのアウトレットモールや飲食店が約50店舗、10スクリーンの映画館がある「グランベリーモール」が開業。南町田駅は土日のみ急行や準急も停車するようになり、買い物客の便を確保している。

　渋谷駅構内は長い歴史の中、各事業が個々に増改築を行っていたため、通路や乗換口は複雑になってしまった。そのため、渋谷駅再開発では、東急・JR・東京メトロの駅機能の更新と再編を行い、駅そのものの配置を見直した。

　2013(平成25)年3月に東横線渋谷駅を地下化。今後は渋谷ヒカリエ改札口付近から1階のJR線改札口に直結するエスカレーターを設置する。JR線のホームは2面4線、銀座線は1面2線とホームは広くなる。東横線渋谷駅跡地の駅街区には東棟が地上46階建て、JR線の真上に中央棟が10階建て、西棟は13階建てのビルが建つ。

　さらに、線路によって分断していた東西の駅前広場を繋ぐ自由通路と複合ビルを直結させることで集客力高め、渋谷川に清流を流し緑化した広場を造

「みなとみらいホール」は東急グループの2社が指定管理者となり、運営に両社のノウハウが提供されている　写真提供：河野美斗

南町田駅前にある「グランベリーモール」。施設の所有と管理は東急モールズデベロップメントが担当する　写真提供：河野美斗

第20章　さらなる飛躍を目指す東急電鉄

駅に直結する大型商業施設・たまプラーザテラス。東急電鉄は鉄道を基軸に都市開発を進めてきた　写真提供：河野美斗

鉄道建築協会賞・最優秀協会賞を受賞したたまプラーザ駅。ビル4階に相当する高さの吹き抜けがあり、天井には4000㎡の大屋根が載る　写真提供：古屋香織

ることで、駅と街が一体化した機能を持ち、街へ来てもらうための動機を高めて「日本一訪れたい渋谷」を目指している。南街区、渋谷宮下町アパート跡地事業、桜丘口地区、道玄坂街区など、渋谷の大規模な再開発は東急がきめ細かく手掛けることになる。

3　鉄道を基軸とした新しい街並みが続々誕生

　たまプラーザ駅周辺の再開発では、駅を中心に南北を一体化したオープンモール型の商業施設「たまプラーザテラス」が2010（平成22）年10月にグランドオープンし、現在は150店舗あり賑わっている。駅のデザインは、改札付近が円状の3層吹抜けで、ビル4階に相当する高さに4000㎡大屋根が覆い尽くす。更に、吹抜け効果によって電車の車窓から店舗が見えることで、賑わいを感じられる様にしてある。

　2010年10月には、社団法人鉄道建築協会から「鉄道建築協会賞」作品部門で、駅を降りたときのダイナミックな空間のインパクト、ショッピングモールとの一体化や利便性が評価され「最優秀協会賞」を受賞している。

　二子玉川では開発面積が約11.2haという民間企業としては都内最大級の再開発を1982（昭和57）年から開始し、2010年に二子玉川ライズのオークモールとバーズモールが開業。2015（平成27）年4月に改札口前から続く歩道、全長約1000mの「リボンストリート」が開通。ストリートに沿う建物は宝石をイメージしており夜景もきれいな街並みで、駅から進むにつれて緑も多くなるので、自然を大切にした街にできあがった。

　近年、横須賀線（湘南新宿ライン）にも駅が設置された東横線の中核駅・武蔵小杉も東急による開発で激変している。中心施設となる「武蔵小杉東急スクエ

ア」は2013（平成25）年4月に開業、98店舗の商業施設に加え、真下を走る電車を眺めることができる展望デッキが設けられている。このデッキの特徴は東横線と目黒線を走る車両を眺めることができるほか、デッキの両サイドには、東横線で使用された9015F中間車の側構体を再利用しており、子どものみならず大人にも人気のスポットとなっている。

　渋谷〜代官山間の地下化された区間の地上線路跡地も再開発されている。ここには、5棟の店舗と散策路の「ログロード」が2015（平成27）年4月にオープンし、日本初出店となる海外企業の店舗も多く話題が豊富である。さらに、「エトモ市が尾」も同月に開業。この地域は子育て世代が多いことから、保育園を設置するなど、東急は大規模な再開発だけでなく、個々の街に対する地域密着型のサービスを行うことで、東急沿線住民の生活の質の向上も図っている。

　鉄道線では日吉駅から新横浜までの約10kmの地下鉄道を現在建設中で、完成すると相模鉄道との相互直通運転も計画されている。さらに、羽田空港へのアクセス向上へ向けて、東横線などから京急空港線大鳥居駅までの蒲蒲線計画もあるが、両社の軌間が異なるのが課題である。今後も東急線は進化すると共に、少子高齢社会を更に意識した事業展開が必要とされるだろう。

4　リニューアルされた電車とバスの博物館

　東急電鉄は1982（昭和57）年4月3日に創立60周年を記念して、「電車とバスの博物館」を開設した。

　当時の東急電鉄社長・五島昇氏は開館に際して次のメッセージを寄せている。

　「昔から人や物を運ぶ輸送という仕事は、人々のくらしにとって大切な役割を果たしてきています。近年、電車・バスの大量高速輸送の発達によって、都市と経済は飛躍的に発展してきました。これらの交通と街づくりの関係を理解するだけでなく、さらに正しいものの見方、考え方を培うことを希ってこの小さな博物館を贈ります」

　このメッセージは、博物館入口に掲げられている。

　開館当初は田園都市線の高津駅高架下に開設されていたが、複々線化工事に伴い、現在は川崎市宮前区の宮崎台駅高架下に移設されている。博物館にはイベント館が併設されている。

　宮崎台駅から直結する入口は3階にあり、切符を買って、ICカード乗車券が

第 20 章　さらなる飛躍を目指す東急電鉄

連日、鉄道ファンや家族連れで賑わう「電車とバスの博物館」。写真左の車両は目玉展示物のひとつである玉電デハ200形（通称ペコちゃん）　写真提供：古屋香織

登場する前に製造された自動改札機を通り博物館に入ると、東急電車の一日をHOゲージ（16番）の模型の中で再現したパノラマシアターがある。中へ進むと、渋谷駅周辺の渋谷ヒカリエなどの街並みを再現したジオラマ。また、実物の運転台に座ってハンドルを操作すると、実際に目の前にある模型の電車が動き出して、レールの上を走る姿が見えるという模擬体験のできるジオラマシミュレーターもある。

　さらに3階には、6台のパソコンで東急の歴史やクイズを楽しめる「なんでも・ものしりステーション」があるほか、窓際には東急の歴史をたどる品々が飾られており、パネルと写真の歴史説明に花を添えている。中でも、創業時の目蒲線を走っていたモハ（デハ）1形と、軽量ステンレスカーの8090系の模型は、誕生当時の輝かしい様子を今に伝えてくれている。

　また、1955（昭和30）年から1965（昭和40）年ころの高津駅の木造駅舎も実物大で復元されている。木製の改札口の奥には、デハ1形も実物大に復元されており、ここに立つと、昭和レトロなノスタルジックな気分にひたることができる。

　2階には、実際に走っていた3450形の運転台付車両が、客室を3分の1だけカットした形で置かれている。この電車に乗り込んで運転台に入ると、左手で

電車とバスの博物館の開館時には、開業を伝えるヘッドマークが掲出された

電車とバスの博物館のリニューアル前の最終営業日。多くのファンが詰めかけた　写真提供：高橋茂仁

マスターコントローラーを、右手でブレーキハンドルを操作するという、電車の原形の運転操作を体験することができる。

　ブレーキハンドルを緩めて、マスターコントローラーを動かすと、実際の電車が動き出す時と同じように電車の機能が働きはじめ、目の前にある電車のモーターが回り、車輪がシュッシュッと音をたてて回転を始める。

　ここに来れば誰もが運転士さんとなれるし、電車を外側から眺めていても、パンタグラフが伸びて上がったり縮んだり、車輪が回転する様子が間近に見えて、どのスイッチを操作すれば、電車のどの部分が動くのかということがよく分かる。

　また、電車用に交流の電気を直流に変えていたという、実際に使用されていた変電所の水銀整流器、回転変流機もあり、電車が走るまでの物理的な工程が理解できるようになっている。

　1階には、さらに高度な疑似体験ができるコーナーもある。運転シミュレーターといって、実際の運転士が訓練用に使用しているもので、運転席は8090系を使用して、田園都市線の走行映像が前面のスクリーンに映し出され、運転操作することができる。その横にはレトロな雰囲気も味わえる510形があり、ノッチハンドルとブレーキハンドルを操作しながら運転シミュレーターができる。

　静態保存車両にも見るべきものが多い。1955（昭和30）年にできた玉電200形は唯一の生き残りで、車内は休憩所として開放されている。1軸の連接台車をじっくり見ておきたい。

　玉電200形と並ぶように展示されているのは東急コーチバス。1975（昭和50）年に日本で初めて導入されたデマンドバスと昔の路線バスの仕組みが分

かるように、運転席に座って、ハンドルを回すとタイヤが動き、ドアの開閉や行先表示器を替えることもできる。

　イベント館には、登場時の姿に復元されたモハ510形が展示され車内に入ることもできる。さらに、貴重な戦後初の国産飛行機YS11型の実物があり、実際のコクピットに座って操縦シミュレータを体験できる。

　現在宮崎台にある電車とバスの博物館は、これからの時代に合わせて展示方法も変わってゆくと思われる。その第一弾として、2015（平成27）年9月27日をもって一時休館し、2016（平成28）年2月19日リニューアルオープンする。

　ここで紹介した内容はリニューアル前であるが、博物館の雰囲気を感じていただけると思う。そして、リニューアルされると、新しい運転シミュレーターが設置され、向谷実氏の書き下ろしのBGMによるパノラマシアターの演出など、電車とバスの博物館はさらに楽しい場所になるであろう。

2016年2月にリニューアルオープンした「電車とバスの博物館」。休憩スペースにはバスの座席が設置されている　写真提供：古屋香織

モハ510形の車内。1931（昭和6）年に登場した当時の内外装が復元されている　写真提供：古屋香織

東横線CGシミュレーターは、自由が丘から横浜間を特急や各停での運転体験ができる　写真提供：古屋香織

3450形のカットボディでは運転操作が体験でき、マスコンハンドルを操作すると手前の台車が作動する　写真提供：古屋香織

昭和30年代の高津駅を再現したコーナー　写真提供：古屋香織

21 | 48年住んだ町
私の青葉台物語

渋谷方面行き通勤電車が入線する青葉台駅。背後の建設中のマンションが、青葉台の街が開発途上であることを教える　写真提供：東急電鉄

　この章では、田園都市線の住人となった私の人生を思い起こして記してみた。
　私の名前は父が付けてくれたものであるが、道一とは論語の一文（※編集部注「吾道一以之貫」　吾が道一以て之を貫く）から採られたものである。父の目論見とは異なったかもしれないが、鉄道一筋と言える人生となった。
　東京都立三田高校卒業前には進路の選定ものんびりと一番好きな日本史を専攻できればと思い、歴史の先生にでもなれば良いかなというものであった。東京都立大学と学芸大学を受験したが力及ばず不合格であった。浪人生活に入ったが、浪人1年を頑張れば入学できるだろうと呑気に構え、代々木学院に1学期だけ申し込んだ。
　自宅は大井町線の荏原町が近くであったが、健康のため自転車で通う事にした。場所は代々木の駅前であったが時間は不規則であった。そんな毎日を見て、ある日父から話があると言われた。父の言わんとしたことは、「私は経理屋として働いているが、毎日毎日人の金の計算ばかりで面白くもなんともない、

昭和40年代に青葉台駅付近を空撮。田園都市線はS字を描きながら線路が延びており、周辺はまだ緑が多い。写真上が渋谷方面となる　写真提供：東急電鉄

更に少しでも間違えば叱られてしまう。事務系はとても薦められないから、大学へ行くなら技術系にしろ、更に技術系でなければ月謝も出せない」ということだった。びっくりして翌日飯田橋にあった職業安定所に行き、事情を職員に話したら早速適正テストを実行してもらえた。それは手を動かして物を組んだり算数の様なものであった。結果としてどちらに進んでも心配ないと言われたので父に報告した。

　私立大学の工学部系は受験科目も少ないのであるが、苦手な数学だけは必修科目である。そんなことを母に話したら、都立高校の現役の数学の先生を探し出してくれたのである。早速特訓である。先生は夕刻我が家に立ち寄られ1時間位の講義と沢山のノルマともいえる宿題を置いて行かれる。週に2～3回の教育は中味も濃く、集中的に受けた内容も身に付いた。秋まで続いた準備も無事にクリアーして武蔵工業大学の機械工学科に入学できた。それは、先生の適切な指導があってこそだと思う。

　大学4年間は楽しく過ごし、クラブ活動として鉄道研究会は設立から新しい仲間と取り組んだ。鉄研における活動のお蔭で鉄道に対する知識も増えて、将来は鉄道車両の技術面に従事したいと思うようになり、当時先進的な電車を導入している東急電鉄を目標にした。

　そして就職試験に関しては五島育英会を持つ関係からして真っ先に手を挙げて、東急電鉄に入社を意思表示した。

　かくして1961（昭和36）年4月に入社して車両部配属となり、現場での1年半の実習の後に本社の車両課で技術員として働くこととなった。

青葉台駅は田園都市線溝の口〜長津田間と同時の1966(昭和41)年4月1日に開業した。写真は建設中の青葉台駅。現在は開発され大きな街へと成長した　写真提供：東急電鉄

　本社勤務中に田園都市線が開通し、青葉台には神奈川県住宅供給社の桜台団地で大規模な入居希望者を募集する事が発表された。

　私は、結婚が決まれば当然住まいを決めなければならないので、早速申し込むことにした。運よく桜台団地に当選して、ひとまず住居の心配はなくなった頃、友人の紹介で家内と結婚することができた。

　1年近く空家であった新居での生活が始まった。その頃には元住吉工場に異動となり、愛妻弁当を持って通う事になったのである。

　青葉台の街は産声をあげたばかりだから商店も少なく、駅の西側の高架下の東光ストア（東急ストアの前身）は品数も少ないものであった。そして本屋は駅の階段下に設けられた小さな店が唯一の文明の光であった。駅前の土地は畑だらけで、いちごの畑が特に目立った。道路は広々としているが走る車は少なく、信号は全く無いという状態であった。

　団地の近くには小さな商店が数件並び、ほどなく生協の店やスーパーも出来て生活の不便は解消した。それ迄は団地内に3輪トラックが移動店舗として店開きをしており、家内も頼りにしていた。

　やがて長男が誕生し、幼稚園は長津田幼稚園に申し込んだが、入園試験があり無事に合格出来て、入園が許可された時はホッとしたものである。幼稚園の送迎バスは団地の前まで来てくれるので3年年下の弟は、それを見送るのが朝の仕事となった。

　幼な児をかかえる我が家の心配事は、病気になった時の事であるが、幸いな

青葉台駅は開業時から相対式2面2線のホームを有していた。軌道は高架上にあり、この時代はホーム上の待合室もささやかなものだった　写真提供：東急電鉄

東急による新興住宅地として発展してきた青葉台駅周辺。開業時は駅前に不動産の案内所が設けられていた　写真提供：東急電鉄

青葉台駅の出札口は、早くから自動券売機が設置されていた。70円区間専用の券売機が懐かしい。「世田谷ボロ市記念乗車券発売中」の広告から、12月か1月に撮影されたものと思われる　写真提供：東急電鉄

藤が丘〜青葉台間で田園都市線のトンネル上に延びる国道246号を東急バスが走る。多摩田園都市は鉄道を幹にして、バスを枝葉のように住宅地を結んだ　写真提供：東急電鉄

事に駅近くに医院を集めた区画がクリニックセンターとして用意されて各科の開業医が住んでおり、大変ありがたいと感じた。特に亀田内科医院は家内も信頼を寄せていた。先生は真面目な方で、趣味は蘭の栽培で見た事もない様な素晴らしい花々を待合室に飾って患者をなぐさめてくれた。耳鼻科には子どもが溢れていた事が思い出される。新開地ゆえに公衆電話は極端に少なくて不便であった。そのため団地集会所の1台の公衆電話は大賑わいであった。周辺は小さな中山電話局のみだったので回線が限られ、各家庭には電話がひかれてなく、長津田局が出来る迄相当の不便を身に染みて感じた。

　集合住宅としては、桜台団地の他に駅の北側には日本住宅公団の田園青葉台団地が出来、その他マンションも続々と完成し、初期に出来上がったのは各種の社宅であった。特に桜台団地のある丘の上には高層の川崎汽船の社宅は白亜の巨大ビルとして他を圧していた。しかし今では解体され分譲マンションに生まれ変わったり、独身寮は老人ホーム等の介護施設に生まれ変わったりしているのは時代の流れであろう。

　青葉台地区の小学校の事情を振り返って見ると、駅開設時に先ず東側につつじが丘小学校が開校されて、それ迄の田奈小学校からは大幅に近くなり通学

は楽になった。しかし駅迄の距離を歩いた上に、更に丘に登る通学コースは小学生にとっては厳しいものであった。幸いな事に長男は桜台団地の北側に開校したばかりの青葉台小学校に通うこととなり、苦労話は語り草となってホッとした。

　団地での生活も安定した頃に義父から電話が入り、新聞広告で我が家近くに土地が売り出されているが知っているかとの事である。毎日の生活に追われて見過ごしていたので慌てて調べてみると、青葉台小学校の西側で造成したばかりの区画が大きく広告に出ていた。

　広い区画が一挙に発売されたためか売れ残っているのがあったのが幸いであった。土地を専門に扱う友人にも早朝に現地を見てもらい、南東向きの今の土地をチェックしてもらったところ、今売れ残っていても間もなく売れてしまう土地だろうと診断された。そこで駅前にあったサービスセンターで購入の手続きを済ますことができた。

　もちろん貯金は乏しいので全額銀行のローンであったが、銀行に通って交渉したのは家内であり、その功績は計り知れないと感謝している。当時団地を引き払って自宅を構える人々がみられる情勢だったので、団地の価格も少しずつ値上がりしていた。

　田園都市線も二子玉川園から渋谷へ直通する事が発表されていたので、更に値上がりする事は予想されたが、それ迄待っても建設費の値上がりもあるので、妥協して早目に建てる事にした。義父の紹介で腕の良い棟梁も見つかり、

かつては、青葉台駅前に噴水が設置されており、子供たちの人気を集めていた。後方に見える丘には、駅開業からほどなくして高層住宅が建設された　写真提供：藤本静江（とうよこ沿線「写真が語る沿線」横浜青葉区編№23）

青葉台駅は乗客が増えるにつれて手狭となり、ホーム拡幅工事が進められた。開業時のように露天ではなく、あわせて上屋も整備された　写真提供：東急電鉄

　今の若草台の丘の上に木造2階建てを造ることが出来た。次男も青葉台小学校に通い始め小学校の至近距離にある事は、結果として理想的なレイアウトと言えた。ところが人口増加と共に鴨志田第一小学校が開校する事となり、次男は新学区の割り当てで若草台地区から99名が同校に転校となってしまった。しかし周囲の友達も一緒なので、文句も言わずに通学していたようである。
　そんな次男が家内と買い物の帰りに三毛猫の赤ちゃんを拾ってきた。我が家に家族が増えたこととなり、猫の一挙一動が楽しみな毎日となった。
　やがて2人は小学校を卒業して、二子玉川園迄電車通学の中学生となった。ある日2人で「パパ、電車なんとかならないの」と言うので、これからますます混むから慣れてもらうしかないよと返事した。

　青葉台駅の開業は、1966（昭和41）年4月1日である。田園都市線の溝の口から西へ延びた新線が長津田まで一挙に開通させたのである。
　駅名は、北側の地名から成合と仮称されていたが、実際の地名は恩田であった。その後、開通に合わせて開発後も緑の豊富な街づくりを目標として青葉台という名称が採用され、周辺の地名も青葉台となった。横浜市港北区の北の部分で、山あいで平地の少ない田んぼと畑がわずかに点在している雑木林や笹やぶであった。開業以前の地形がよく判る地図が横浜市青葉台小学校の10周年記念誌にあるのでご覧願いたい。
　開業当日は雨であったが、沿線の各駅は開通を祝う日の丸の旗の行列が並

つきみ野〜中央林間開業により全通した田園都市線を祝う花電車。田園都市線は東京メトロ半蔵門線と一体にダイヤを組み、今後も乗降客が増えるとみられている

び盛り上がった。電車は初電から運転されていたが、祝賀電車はオールステンレスカーの7000系で、正面に花飾りを取付けて溝の口を10時11分にスタートした。五島昇社長がテープカットをしてから乗り込み、くす玉が割られて発車となった。鷺沼では白いユニホームの鼓笛隊が並び、江田駅では花火が打ち上げられた。地元の歓迎に五島社長はホームに降りて花束を受け取るというシーンも見られた。長津田駅で折返しをした祝賀電車は青葉台駅で招待客を降ろし、雨の中、広場に特設した祝賀会場に向かったのである。

　五島社長が挨拶された内容が記録されているが、それ迄の苦労が実った感慨が込められている。

　「あいにくのお天気の中、遠いところを御出席いただきありがとう御座います。この田園都市線は13年前、前会長が開発構想を立てた多摩田園都市の大動脈として新設したもので、今回完成したのは第一期工事14・2kmで御座います。起工いたしましたのが1963（昭和38）年10月11日で御座いますから、2年半で本日開通の運びになったわけです。この多摩田園都市構想は、4500ヘクタールの広さに40万人の都市をつくろうという大規模な計画です。区画整理事業は、約半分程進んでおりますが、こちらへおいでの際にご覧になられた様に、沿線に住んでおられる方はまだ僅かです。鉄道が開通してからという方も多いので、これから急速に家が建ち街の形態が整っていくものと思いますが、私ども鉄道事業者としましては、空の電車を走らせる訳にはまいりませんので、1軒の家、1軒のアパートをつくること、これが今後の仕事であると考えております」

横浜市青葉区の人口推移

年度	人口数	年度	人口数	年度	人口数
		1984（昭和59）年	197,066	2000（平成12）年	266,064
1969（昭和44）年	48,714	1985（昭和60）年	210,321	2001（平成13）年	271,819
1970（昭和45）年	63,233	1986（昭和61）年	223,446	2002（平成14）年	278,906
1971（昭和46）年	74,888	1987（昭和62）年	232,575	2003（平成15）年	283,055
1972（昭和47）年	87,332	1988（昭和63）年	239,720	2004（平成16）年	286,949
1973（昭和48）年	99,090	1989（平成元）年	244,795	2005（平成17）年	290,977
1974（昭和49）年	110,794	1990（平成2）年	249,146	2006（平成18）年	296,489
1975（昭和50）年	119,011	1991（平成3）年	252,096	2007（平成19）年	298,745
1976（昭和51）年	125,275	1992（平成4）年	255,173	2008（平成20）年	300,050
1977（昭和52）年	133,223	1993（平成5）年	257,379	2009（平成21）年	300,740
1978（昭和53）年	141,383	1994（平成6）年	258,933	2010（平成22）年	302,769
1979（昭和54）年	149,852	1995（平成7）年	246,658	2011（平成23）年	304,606
1980（昭和55）年	156,430	1996（平成8）年	249,739	2012（平成24）年	306,042
1981（昭和56）年	163,521	1997（平成9）年	252,906	2013（平成25）年	307,078
1982（昭和57）年	172,935	1998（平成10）年	256,735	2014（平成26）年	307,844
1983（昭和58）年	185,671	1999（平成11）年	261,399	2015（平成27）年	308,880

　営業運転は、大井町駅から鷺沼までが4両編成で、鷺沼ホームで後部2両を切放し、前部2両のみが長津田に向かったが乗客も少なく充分であった。上りは2両編成のまま鷺沼迄行き、鷺沼で増結して4両で大井町へと向かう。そして、4両編成で長津田迄営業を始めたのは、その年の9月であった。

　青葉台駅のホームは高架上で2面2線であるが、ホームに屋根はまだ無くて階段部分のみ屋根の付いた簡単な造りであった。これは各駅似た様な造りであったが、青葉台は将来沿線で1,2の駅に成長する予感が感じられた。

　駅近くには開発の経緯を刻明に記した石碑が建てられている。

「恩田の開発事業」

　この地は、都心より三十キロメートル圏の多摩丘陵の一端に位置し山林と農耕地が混在する純日本的な農村地帯であった。

　しかしながら、都心に近接しているにも係わらず、道路、鉄道等の交通網の未整備により、都市開発が著しく遅れていた地域であったが昭和二十八年に、住宅都市を建設する［　城西南地区開発構想　］が東京急行電鉄株式会社より発表された。

　当地区にも開発構想に沿った計画案が提示され、都市開発への協力の呼びかけがなされ、地元有識者が［　城西南地区開発構想　］に共鳴し

開発推進運動が展開された。

　昭和三十一年七月、東急電鉄五島慶太会長自ら当地を訪れ、熱心にしかも誠意に満ちた姿で地元の開発協力を熱望された。

　その時、五島慶太会長は、公式発表の段階ではないがと前おきして交通手段を自動車専用道路計画から電車輸送に変更し、下恩田地区一円約百万坪（　約三百三十ヘクタール　）を開発対象区域とし、地元の土地区画整理事業により開発を進めていきたいと述べられた。

　当地区としても、横浜線との接続については以前から大きな期待をもっており、東急が提案してきた開発計画に協力することを前提として昭和三十一年八月に下恩田開発委員会を結成した。

　その後、開発委員の昼夜にわたるご苦労と地権者の方々の深いご理解とご協力により、昭和三十六年四月一日恩田第一土地区画整理組合を設立し、恩田の開発事業が進められていったのである。

　　　　　　　　　　　　　　　　　　昭和三十九年九月
　　　　　　　　　　　　　　　　　　　　土志田　清助
　　　　　　　　　　　　　　　　　（田奈の郷土誌より抜粋）

1日平均利用者数が11万人にまで成長した青葉台駅。バスターミナルも拡張され、13の乗り場がある　写真提供：古屋香織

恩田の開発事業の碑は、青葉台東急スクエアsouth-1本館に設置されている　写真提供：古屋香織

青葉台駅開業時から駅前に設置されているモニュメント「風見の鶏」（向井良吉作）。当初は駅前交番脇にあったが、現在はバスターミナル奥に移設されている　写真提供：古屋香織

青葉台東急スクエアにはクラシック音楽の音響に配慮して設計されたコンサートホールが併設され、地域住民の生活の質的向上に寄与している　写真提供：古屋香織